La mission politique de l'Église et des chrétiens

Collection « Croire et savoir en Afrique »
dirigée par Benjamin SOMBEL SARR et Claver BOUNDJA

Cette collection veut être un lieu d'analyse du phénomène religieux en Afrique dans ses articulations avec le social, le politique et l'économique. L'analyse du phénomène religieux, ne saurait occulter les impacts des conflits religieux dans la désarticulation des sociétés africaines, ni ignorer par ailleurs l'implication des religions dans la résolution des conflits sociaux et politiques. L'approche religieuse plurielle de cette collection a comme objectif d'une part, d'étudier les phénomènes religieux à l'œuvre dans les sociétés africaines dans leurs articulations avec les grandes questions de société, et d'autre part de procéder à une étude scientifique et critique de la religion dans le contexte africain. Elle essaiera de déceler dans la religion non ce qui endort le peuple, mais les énergies créatrices et novatrices capables de mettre l'Afrique debout. Ainsi veut-elle montrer que si la religion peut être un frein au développement, elle est aussi acteur de développement. Le relèvement de l'Afrique doit se fonder sur des valeurs, et la religion est créatrice et fondatrice de valeurs.

Dernières parutions

Benjamin SOMBEL SARR, *Théologie du développement intégrale, Tome 3, Fondements théoriques, praxéologie et praxis de la charité*, 2017.

Benjamin SOMBEL SARR, *Théologie du développement intégrale, Tome 2, Herméneutique des champs imaginaires du sous-développement dans la culture et la religion populaire*, 2017.

Benjamin SOMBEL SARR, *Théologie du développement intégrale, Tome 1, Herméneutique pratique de la charité*, 2017.

ANDELY-BEEVE, *La gouvernance bantoue traditionnelle : la principauté Amaya*, 2016.

Claver BOUNDJA, *L'hospitalité cosmopolitique à l'épreuve du terrorisme*, 2016

Georges MABONA, *Ma passion pour Sainte-Anne du Congo, Une basilique du souvenir*, 2016.

Futher-de-Borgia TOUMANDJI

LA MISSION POLITIQUE DE L'ÉGLISE ET DES CHRETIENS

Enjeux des intuitions de Jean-Baptiste Metz pour l'engagement social de l'Église en Afrique

Préface de Gaston OGUI COSSI

Du même auteur :

Une christologie esthétique. Enjeux des intuitions de Hans Urs von Baltasar dans la Gloire et la Croix, 2017.

© L'Harmattan, 2018
5-7, rue de l'École-Polytechnique ; 75005 Paris
http://www.editions-harmattan.fr
ISBN : 978-2-343-14720-8
EAN : 9782343147208

À Dieu, de qui nous tenons la vie, l'être et le mouvement.

À vous, peuples blessés, traumatisés et humiliés, que cette miette théologique soit l'expression de notre engagement, en signe de participation publique au message d'espérance, de foi et d'amour que l'Église adresse au peuple africain tragiquement blessé par la crise, résultat d'une organisation rationnelle politique inédite.

À mon frère, Professeur N'GBOFAI Roland Patrick.

Je dédie cette recherche au service de la paix.

Préface

L'euphorie suscitée hier dans le cœur des croyants africains sur les semailles de la foi au Christ est mise en mal aujourd'hui par une situation socio-politique délétère. C'est à croire que l'adhésion à la personne du Verbe fait chair n'a pas d'impact notable sur la vie d'un peuple désabusé aussi bien politiquement, socialement que religieusement. Quiconque s'efforce de se mettre au-dessus de la mêlée des incohérences structurelles observées dans les pays africains ne saurait rester indifférent à une situation qui n'a fait que trop durer.

Conscient de sa vocation de sel de la terre et de lumière du monde, le chrétien africain et spécialement l'amoureux du Christ entend se poser une question existentielle qu'on ne se pose presque jamais : « *Pourquoi en sommes-nous là ?* » Une réponse satisfaisante à cette question suppose une investigation judicieuse aussi bien dans le champ politique que dans la sphère ecclésiale.

Le Père Futher-de-Borgia Toumandji, o.p., entend, dans cet ouvrage, non seulement faire sien ce questionnement, mais également dialoguer avec ses aînés du monde de la recherche. Ce faisant, cette rencontre heuristico-dynamique permettra de parvenir à une saisie endogène et exogène de la situation aux fins de la faire déboucher sur une approche de solution viable.

Pour le faire, il se fonde sur l'héritage intellectuel et spirituel de son ordre religieux puis il entre dans un dialogue critique et fécond avec Jean Baptiste Metz, auteur, entre autres, de *La foi dans l'histoire et dans la société*, Paris, Cerf, 1979. Ce qui a mis en recherche le Père Futher-de-Borgia Toumandji, o.p., c'est, comme il l'estime lui-même, la question primordiale « de la manifestation de l'Église dans la société et, surtout, la pertinence de son engagement politique pour le devenir-sujet de tous devant Dieu, selon la vision de Metz ».

Faisant siennes les déchirures de Jean Baptiste Metz, dans le Troisième Reich et spécialement face à l'Auschwitz, le Père Futher-de-Borgia Toumandji entend emprunter la même voie que son auteur pour proposer, à la société centrafricaine et ivoirienne, en particulier, et aux sociétés africaines, en général, une théologie politique centrée sur le concept ecclésiologique d'"*Église du peuple*".

Cette théologie est centrée sur ce que Metz appelle le "devenir-sujet" qui n'est rien de moins que le développement intégral de l'homme et de tout homme. Seul un tel épanouissement est susceptible de préserver l'Église d'un enfermement et d'un oubli qui l'identifieraient à une secte.

D'où le défi de la formation d'une conscience civique comme base d'une conscience éthique et spirituelle. Cette conscience qui est la condition de possibilité d'un vivre-ensemble respectueux et pacifique dans une société pluriculturelle est à naître pour une Afrique nouvelle.

C'est la condition pour que le Christ devienne une chance, une bénédiction et surtout une bonne nouvelle pour les pays africains saturés de mauvaises nouvelles. C'est alors que pourra germer comme conséquence logique de cette conscience civique une vraie foi chrétienne exprimée existentiellement à travers des « *valeurs de la dignité de la personne humaine, le sens profond de la justice et de la liberté, l'application au travail, l'esprit d'initiative, l'amour de la famille, le respect de la vie, la tolérance et le désir de coopération et de paix* »[1] sociale.

Pour que la foi devienne en Afrique source de transformation aussi bien de l'imaginaire du tissu sociétal que de l'identité chrétienne, il faudra redéfinir une meilleure vision intrinsèque et extrinsèque du rapport du croire au vivre dans une société en ébullition.

C'est à une telle tâche que le Père Futher-de-Borgia Toumandji, o.p. nous convie dans cet ouvrage, très agréable à lire, parce que, abordant des questions graves dans un style fluide, exquis et élégant.

Puissent les lecteurs de cet ouvrage devenir à leur tour des passionnés d'une société dans laquelle l'interculturalité est vécue par tous comme une bénédiction à la fois sur le plan social, politique et religieux.

Professeur Gaston OGUI COSSI

Université Catholique de l'Afrique de l'Ouest,

Unité Universitaire d'Abidjan

---

[1] JEAN-PAUL II, « Europe, retrouve-toi toi-même. L'appel de Saint Jacques de Compostelle, le 9 novembre 1982 » in *La documentation Catholique* 21 (1982) 1128-1130.

Introduction

La présente recherche est une réflexion ecclésiologique fondamentale et contextuelle à partir de la praxis de la foi dans l'histoire et dans la société. D'une manière théorique, cette réflexion s'appuiera sur la pensée de Jean Baptiste Metz qui a réfléchi sur l'engagement et l'action politique de l'Église pour la paix. Le choix de Jean Baptiste Metz permet d'examiner le statut épistémologique de la théologie politique. L'épistémologie de la théologie politique est cette base sur laquelle nous ferons une relecture ecclésiologique de l'engagement de l'Église en Afrique au service de la paix et des droits de l'homme. D'où le thème : « La mission politique de l'Église et des chrétiens : *Enjeux des intuitions de Jean Baptiste Metz pour l'engagement social de l'Église en Afrique* ».

Cette réflexion est le prolongement d'un travail de Master en théologie, sur l'ecclésiologie de Jean Baptiste Metz, que nous avons mené à la fin de notre second cycle de théologie à l'Université Catholique de l'Afrique Centrale, Institut Catholique de Yaoundé en juin 2015, sous la direction du Révérend père Augustin Germain Messomo Ateba. Les motivations qui animent cette réflexion sont, en grande partie, celles de la responsabilité théologique de la foi dans la société, et l'évaluation de cette responsabilité théologique de la foi du point de vue de l'engagement, *praxis* des chrétiens. Sur le plan opérationnel, cette étude est motivée par le souci de repenser la participation de l'Église locale et des chrétiens, à l'action politique pour la paix et des droits de l'homme, à partir de la notion metzienne d'« *Église du peuple* » perçue comme institution promotrice de liberté critico-sociale.

Ainsi, ce souci de compréhension vise une meilleure saisie de l'effectivité de l'Église dans le combat contre *« la souffrance structurelle du peuple qui lui interdit une identité propre, qui ne lui permet pas de devenir lui-même "peuple nouveau", et qui dans une certaine mesure l'excommunie socialement »*[2]. En sa signification profonde, ce souci se manifeste comme une réponse à un désir lointain où « Dieu *doit être aussi pensé et loué dans la misère ; évidemment, dans le peuple blessé [...] pour son devenir-Église* »[3]. Voilà pourquoi cette réflexion voudrait apporter une contribution, à la fois christologique, ecclésiologique et pastorale, aux engagements des Églises locales au service de la paix sociale et de la promotion des droits de l'homme. Elle voudrait, au fond, aider à faire du peuple le support épistémologique d'une ecclésiologie participative et promotrice de la dignité humaine. En fin de compte, elle permet de voir particulièrement le rôle de l'Église comme *« communauté de ceux qui sont appelés, qui doivent relever la tête pour être sujets d'une nouvelle histoire »*[4] devant Dieu et dans la société qui reconnaît et respecte la dignité de la personne humaine. L'enjeu de la réflexion est celui d'une herméneutique qui prend au sérieux la dimension publique de la foi chrétienne et le besoin d'une nouvelle formulation du message chrétien en fonction de la paix et des droits de l'homme. C'est cette prise de conscience qui conduit Metz à mettre en exergue l'axiome

---

[2] J. B. Metz, *La foi dans l'histoire et dans la société*, Paris, Cerf, 1979, p.164.
[3] *Ibid*, p. 166.
[4] *Ibid*, pp. 94-95.

selon lequel « *l'idée chrétienne de Dieu est en elle-même une idée pratique* »⁵. Par conséquent, la foi au Dieu de Jésus-Christ appelle une praxis ecclésiale critique et libératrice dans la mesure où l'Église et les chrétiens ne doivent pas se préoccuper uniquement de l'orthodoxie doctrinale. Ils sont invités à traduire leur foi en une pratique critique et libératrice.

Le problème de fond qui propulse cette recherche est celui de la manifestation de l'Église dans la société et, surtout, la pertinence de son engagement politique pour le devenir-sujet de tous devant Dieu, selon la vision de Metz. La question fondamentale, à laquelle tout le reste est subordonné, est de savoir quelle est la pertinence de l'ecclésiologie politique de Metz aujourd'hui. Autrement dit, quels peuvent être les enjeux de l'« Église du peuple » pour l'engagement politique de l'Église en Afrique au service de la paix et des droits de l'homme ? Voilà ce que nous voulons analyser dans notre travail, en prenant comme clé de lecture le concept d'« Église du peuple » dans *La foi dans l'histoire et dans la société* où l'auteur lui-même rend compte de la mission politique de l'Église dans la société.

La méthode à laquelle nous avons recours pour cette recherche est analytique. Elle nous obligera à lire et à relire les textes majeurs de Metz afin de bien cerner son concept d'« Église du peuple ». Elle nous permettra aussi de faire surgir les implications théologiques, ecclésiologiques et pastorales de ce concept afin de promouvoir la paix et les droits de l'homme.

---

⁵J. B. Metz, *La foi dans l'histoire et dans la société,* p. 7.

Notre travail comportera trois chapitres. Le premier exposera l'univers théologique de Jean Baptiste Metz en trois phases. Il tracera d'abord l'itinéraire de l'émergence au procès de la théologie politique de Metz. Ensuite, il précisera que la théologie politique est une théologie de l'engagement dans le monde. Enfin, il exposera la théologie politique à travers ses contenus théologiques majeurs.

Le deuxième chapitre sera tout entier consacré à l'ecclésiologie politique proprement dite de Metz en trois étapes. La première étape sera consacrée à l'analyse du concept d'« Église du peuple ». La deuxième étape permettra d'analyser l'ecclésiologie politique de Metz à travers ses contenus. Dans la troisième étape, nous essayerons de mettre en exergue la pertinence de l'ecclésiologie politique de Metz.

Le troisième chapitre accordera une place spéciale aux enjeux de l'ecclésiologie politique de Metz pour l'engagement de l'Église en Afrique. Nous dégagerons notamment l'enjeu théologique, ecclésiologique et pastoral.

Chapitre 1 : L'univers théologique de Jean Baptiste Metz

Le théologien allemand Jean Baptiste Metz est né le 5 août 1928 à Auerbach, petite ville du Haut-Palatinat. Il passe son enfance et sa jeunesse sous le Troisième Reich. Peu avant la fin de la guerre, il est appelé sous les drapeaux. Il a seize ans. C'est à ce moment qu'a lieu ce qu'il appelle la « première déchirure dans ma biographie ». La seconde déchirure a pour nom Auschwitz. L'assassinat de millions de personnes et l'effroi inextinguible vont constituer le centre de la réflexion de Metz. Il « *est profondément convaincu que ce n'est pas dans la théologie savante, mais dans le langage parfois muet de ceux qui sont acculés et souffrent, que se passent les choses décisives sur le plan théologique* »[6]. En dehors du cercle académique, le théologien de Münster a également rendu des services importants à l'Église catholique. Il a été consulteur du Secrétariat pontifical pour les non-croyants entre 1968 et 1973. De 1971 à 1975, il a été conseiller du synode interdiocésain des diocèses allemands. Metz est également un des co-fondateurs de la revue internationale de théologie *Concilium* en 1965.

L'univers de la « théologie politique » de Metz est un programme complexe qui inclut à la fois une évaluation critique de l'histoire, une herméneutique de la « déprivatisation » et une praxis de l'espérance chrétienne

---

[6] J. B Metz et Elie Wiesel, *Espérer envers et contre tout*, Paris, Salvator, 2012, pp. 14-15.

qui prône la dimension publique de la foi ecclésiale dans la société. La découverte de l'ecclésiologie politique de Metz nous oblige, avant tout, à faire un exposé synthétique sur le domaine théologique où il a forgé son concept ecclésiologique d'« Église du peuple ». Ce premier chapitre nous permettra de mieux cerner les outils théologiques que Metz a utilisés pour construire sa théologie fondamentale. Ainsi s'ouvre le champ de notre recherche que nous effectuerons en trois étapes. La première tracera l'itinéraire de l'émergence jusqu'au procès de la théologie politique selon Metz. La deuxième étape présentera la théologie politique de Metz comme une théologie de l'engagement dans le monde. La troisième étape donnera des précisions sur la théologie politique de Metz à travers ses contenus théologiques. Ces trois étapes nous permettront de cerner l'univers théologique de Metz, afin de mieux aborder son ecclésiologie politique.

1.1. De l'émergence au procès de la théologie politique de Metz

Dans cette première étape de notre réflexion, nous allons exploiter l'analyse de Rosino Gibellini dans *Panorama de la théologie au XXe siècle*. La théologie politique Metzienne est née après le Concile Vatican II (1962-1965). Sa conférence prononcée au congrès international de théologie, tenu à Toronto du 20 au 24 août 1968, a été le point de départ de sa théologie politique. Le texte issu de la conférence de 1968 fera l'objet de son premier livre de théologie intitulé : *Pour une théologie du monde* (1968). Selon Gibellini, cet ouvrage développe la thématique « *des rapports entre l'Église et le monde entendu comme réalité sociale dans son devenir historique* »[7]. Cet ouvrage est une ébauche programmatique de la théologie politique de Metz.

Dans son programme de théologie politique perçue comme théologie fondamentale pratique, Metz critique les théologies académiques et savantes et prône une théologie qui s'élabore à partir du sujet. Dès lors, on peut se demander quelle est l'hypothèse centrale à partir de laquelle il a construit son programme de théologie politique. L'hypothèse qui sous-tend sa théologie politique est la suivante : « *La crise d'identité du christianisme, partout discutée, n'est pas d'abord une crise de son contenu, mais une crise de ses sujets et de ses institutions, qui se dérobent trop facilement au sens irréductiblement pratique de ce contenu, et réduisent du fait même à néant sa puissance intelligible* »[8] et sa praxis.

Dans la version corrigée de sa théologie politique (*La foi dans l'histoire et dans la société*), après plusieurs critiques de son premier livre intitulé *Pour une théologie du monde*, Metz revient encore sur cette hypothèse de base et la reformule ainsi : « *La crise du christianisme n'est pas aujourd'hui d'abord une crise des contenus de la foi et de ses promesses, mais avant tout une crise des sujets et des institutions qui n'entrent pas dans les exigences que réclame cette foi* »[9]. C'est à partir de cette hypothèse qu'il commence sa critique. Il s'agit d'une critique du

---

[7] Rosino Gibellini, « Théologie politique », in *Panorama de la théologie au XXe siècle*, Paris, Cerf, 1994, p. 345.
[8] J. B. Metz, *Pour une théologie du monde*, Coll. Cogitatio Fidei, Paris, Cerf, 1971, p. 14.
[9] J. B. Metz, *La foi dans l'histoire et dans la société*, *op.cit*, pp. 100-101.

christianisme lui-même, en montrant que l'idée est là, mais qu'elle n'est pas suffisamment exploitée par le christianisme au cours de son histoire. Ainsi, la théologie politique fait le procès du christianisme vécu.

La bonne compréhension de cette hypothèse théologique nous oblige avant tout à préciser le syntagme « théologie politique » d'une part et la double tâche de celle-ci, d'autre part.

1.1.1. Les deux tâches de la théologie politique de Metz

Qu'appelle-t-on « théologie politique » ? Et quelle est sa tâche en tant que théologie fondamentale pratique ? La réponse à ces questions fera l'objet d'une analyse en deux moments. Dans un premier moment, nous tenterons de saisir la charge sémantique de l'expression « théologie politique », et dans un second temps, nous expliquerons la double tâche de la théologie politique selon Metz.

Le syntagme nominal « théologie politique » est apparue à une époque dont la validité reste très controversée. C'est pour cette raison que Metz peut dire : « *La notion de théologie politique est une notion ambigüe, prêtant le flanc à de multiples malentendus* »[10]. Sur le plan historique, l'Antiquité païenne a connu une théologie politique, tout comme le christianisme constantinien. Mais durant ces deux phases, la théologie politique était au service du pouvoir de l'État. Pour se départir de cette théologie politique classique, Metz va opter pour une

---

[10] J. B. Metz, « Théologie politique et liberté critico-sociale », *Concilium* n°36, 1968, pp. 9-25.

« nouvelle théologie politique » perçue comme une destitution de la théologie politique classique : « *La théologie politique n'est pas considérée comme une théorie d'où l'on déduit la praxis politique, mais plutôt comme une herméneutique politique de l'Évangile* »[11]. Ainsi, en reprenant le terme « théologie politique », Metz comprend la théologie politique « *comme correctif critique à l'intérieur de la théologie* »[12]. Cette théologie se propose de décrire la genèse de la foi et d'élucider le problème de l'existence croyante dans la société.

La fonction négative de la théologie politique est d'« *apporter un correctif critique face à la tendance de la théologie à la privatisation, c'est-à-dire [d']opérer dans le sens d'une déprivatisation* »[13], dans le souci de faire sortir du domaine intime la compréhension de la foi. Rosino Gibellini précise : Sous la poussée du siècle des Lumières d'abord, puis du marxisme, la théologie s'était repliée vers la privatisation. Avec les Lumières, le lien se rompt entre la religion et la société, entre l'existence religieuse et l'existence sociale ; avec le marxisme, la religion est critiquée en tant que superstructure

---

[11] R. Gibellini, *op. cit*, p. 354.
[12] J. B. Metz, *Pour une théologie du monde*, p. 125. D'une manière générale, nous pouvons indiquer ici que la théologie de Jean Baptiste Metz a connu trois phases plus ou moins datées. Il y a d'abord l'année 1966 considérée comme date d'apparition de l'expression « théologie politique » après sa rencontre avec Ernst Bloch en 1963. Ensuite, en 1969, Metz définit la foi comme *mémoire*. La dernière phase de la théologie politique de Metz est celle d'« après Auschwitz ». Cette phase est marquée par la thématique de la « mort de Dieu » à l'ère moderne (la mort d'homme).
[13] R. Gibellini, *op. cit*, p. 346.

idéologique d'une praxis sociale déterminée et de rapports de pouvoirs déterminés[14].

Le point de départ de la théologie politique, c'est avant tout la dénonciation de la privatisation. Devant un tel repli sur soi de la théologie, Metz veut prendre au sérieux la critique issue de l'*Aufklärung*, tout en abordant l'universalité du salut comme une tâche pratique de la mission de l'Église. Henri de Lavalette reconnaît que « *la critique de la privatisation s'adresse avant tout aux théologiens des générations précédentes, et à la philosophie qui sous-tend leur œuvre, l'existentialisme* »[15]. Parmi eux, chez les protestants, Bultmann sera particulièrement visé. Aussi bien les principes libéraux de son exégèse historico-critique que les catégories abstraites de péché et de décision feront l'objet de vives critiques.

Outre sa fonction négative, la tâche positive de la théologie politique consiste à développer les implications publiques et sociales du message chrétien. Contrairement à la théologie métaphysique abstraite, à la théologie existentialiste, à la théologie personnaliste et à la théologie transcendantale qui contournent les problèmes posés par les Lumières et le marxisme, la théologie politique doit répondre, d'une manière critique, aux problèmes posés par les Lumières et le marxisme, et assumer leur défi dans un nouveau rapport entre la théorie et la pratique.

L'*Aufklärung* est la marque de la période des Lumières. La modernité trouve son ancrage dans l'*Aufklärung*. Mais, il s'agit bien d'« *une Aufklärung revisitée, prolongée par*

---

[14] R. Gibellini, *op. cit*, p. 346.
[15] Henri de Lavalette, « La modernité théologique de l'Aufklärung selon J. B. Metz », in Recherches *de science religieuse*, Paris, 1985, p. 538.

Marx »[16]. Marx est celui qui prône le règne du surhomme, et ce surhomme se substitue à Dieu. Il se considère comme fondateur et créateur des valeurs. Metz critique la catégorie de surhomme, notamment son incapacité à assumer la totalité de l'histoire. Le surhomme n'assume que les victoires de l'histoire. Telle est la critique que Metz adresse au marxisme, mais elle est aussi adressée à la raison elle-même (critique de l'Aufklärung), qui se détruit en s'enfermant dans sa fonction instrumentale.

1.1.2. Synthèse de la discussion sur la théologie politique de Metz

La théologie politique est née au XXe siècle. Il ne faut pas la confondre avec la théologie civile qui désigne, depuis Varron (116-27 av. J-C), la théologie incarnée dans les lois. Au XXe siècle, la question de la théologie politique s'est posée dans le débat qui a opposé Erik Peterson à Carl Schmitt, dans le cadre de l'avènement du national-socialisme, pour savoir si l'on peut calquer les concepts politiques sur ceux de la théologie. Ce débat s'est prolongé avec Metz au cours des années 1960.

Carl Schmitt (1888-1985) était un philosophe politique allemand conservateur. Pour lui, « *les concepts les plus rigoureux de la philosophie politique, surtout ceux qui sont dûs à Bodin (1529-1596) ou à Hobbes (1588-1679), sont en effet à ses yeux des concepts théologiques*

---

[16] Henri de Lavalette, *op.cit.*, p. 539.

sécularisés »[17]. Cette théologie politique juridique pense que la conception des termes juridiques découle de la conception des termes théologiques. Schmitt défend les thèses du national-socialisme et considère le catholicisme comme le fondement de l'État moderne, car tous les concepts de la doctrine moderne de l'État sont des concepts théologiques sécularisés. Par conséquent, la théologie est par nature politique et l'Église, un corps politique.

Le théologien allemand Erik Peterson (1890-1960) va critiquer cette thèse de Schmitt en montrant que l'affirmation chrétienne du monothéisme trinitaire a mis fin à toute théologie politique. « *Il l'établit à l'époque du national-socialisme allemand en opposition aux chrétiens allemands voulant fonder une Église du Reich et en opposition à Carl Schmitt* »[18] pour qui les concepts politiques, qu'il s'agit d'élaborer, doivent être calqués sur ceux de la théologie. Peterson soutient que le « monothéisme politique », c'est-à-dire la sacralisation du pouvoir impérial et plus généralement du pouvoir souverain, n'est pas d'origine chrétienne. On doit cette sacralisation à la fusion, opérée par Philon (13 av. J-C. -54 ap J-C), du monothéisme cosmique de l'Antiquité tardive - pour qui une seule puissance divine règne sur le cosmos - et du monothéisme juif.

---

[17] Jean-Yves Lacoste, *Dictionnaire critique de théologie*, Paris/Quadrige, Puf, 2007, p. 1103.
[18] Jean-Louis Schlegel, *Théologie politique*, Paris, Gallimard, 1988, p. 44. D'après Schmitt : « Tous les concepts prégnants de la théorie moderne de l'État sont des concepts théologiques sécularisés [...] parce qu'ils ont été transférés de la théologie à la théorie de l'État, du fait par exemple, que le Dieu tout-puissant est devenu le législateur omnipotent ».

Pour Jean Yves Lacoste : « *tous les théologiens chrétiens associent monothéisme et monarchia (cosmique et politique), les tenants de l'orthodoxie trinitaire voient dans cette dernière notion une unité de principe et d'accord mutuel plutôt que l'exercice d'une volonté solidaire* ». Selon ce même auteur, « *ces théologiens n'explicitent pas de conséquences politiques qu'on pourrait en tirer, mais il est frappant, selon Peterson, de voir que les partisans de la conception hiérarchique et théocratique du pouvoir impérial sont semi-ariens* »[19]. On voit que d'après Jean Yves Lacoste, l'étude de la théologie trinitaire au IVe siècle a entraîné une vision de l'histoire dans laquelle la confusion entre la monarchie divine et la propagande politico-théologique n'est plus possible. Le monothéisme, en tant que problème politique, touche à sa fin avec l'idée d'une théologie politique chrétienne perçue comme légitimation théologique d'une forme d'organisation politique déterminée de la théologie politique de Schmitt qui a même collaboré avec le régime nazi. Cette thèse est à l'origine d'une théologie politique socialisante en Allemagne dans les années 1960.

De son côté, Jürgen Moltmann pense que la seconde personne de la Trinité est un homme crucifié par les autorités officielles et, avec cette crucifixion, la théologie doit être critique envers tout régime politique plutôt que de s'investir dans une voie dithyrambique visant à sacraliser l'ordre social. Comme Moltmann, J. B. Metz va aussi s'inspirer d'Erik Peterson et de l'École de Francfort pour élaborer sa « nouvelle théologie politique ». Plus précisément, c'est dans les années 1960, notamment au début de la crise qui a secoué les sociétés modernes, que le débat a rebondi en Europe avec la nouvelle théologie

---

[19] Jean-Yves Lacoste, *op.cit.*, p. 1103.

politique de Metz et la *Théologie de l'espérance* de Jürgen Moltmann. Le théologien de Münster critique un christianisme « bourgeois » et plaide pour la réalisation des promesses eschatologiques dans l'histoire. La discussion s'est poursuivie avec des accentuations spécifiques en Amérique latine dans le cadre des théologies de la libération.

1.1.3. Le sens du message eschatologique dans la société et le primat apocalyptique

Pour saisir le sens du message eschatologique dans la société selon Metz, il est important de cerner d'abord la définition que Metz donne de la foi chrétienne, ensuite de comprendre la manière dont notre auteur envisage le rôle de la foi dans l'histoire et dans la société. Pour Metz, la foi des chrétiens est une praxis dans l'histoire et la société, qui se comprend comme une espérance solidaire dans le Dieu de Jésus en tant que Dieu des vivants et des morts, qui les appelle tous à devenir sujets devant sa face. « *Dans cette praxis marquée par une visée apocalyptique (praxis du « suivre »), les chrétiens font leurs preuves en luttant dans l'histoire pour l'homme : ils interviennent pour un devenir-sujet solidaire de tous* ». Pour cela, « *ils résistent au danger de voir se désagréger le sujet humain dans une histoire marquée sournoisement par l'évolutionnisme : ils résistent au danger de voir nié l'individu dans la nouvelle figure de l'homme, pour ainsi dire postbourgeoise, qui se fait jour aujourd'hui* »[20]. De cette assertion, il est possible

---

[20] J. B. Metz, *La foi dans l'histoire et dans la société*, pp. 97-98.

de dégager quatre éléments essentiels du message eschatologique dans la société. Il s'agit de : la réhabilitation de l'apocalyptique, l'affirmation du Dieu des vivants et des morts, l'espérance solidaire et l'importance de la praxis.

Le premier élément qui ressort de cette définition est la réhabilitation de l'apocalyptique que la théologie classique a oubliée. Dans la réhabilitation de l'aiguillon apocalyptique, Metz distingue une attente active marquée par l'apocalyptique d'une attitude qui ne fait que croire et n'attend nullement, parce qu'affectée par une conception évolutionniste de l'existence et du temps. La perception apocalyptique du temps a lieu dans la prise en compte de la souffrance de l'humanité. Selon Metz, l'oubli de l'aiguillon apocalyptique a conduit la religion chrétienne à s'identifier à une religion des vainqueurs qui se focalise sur une histoire déjà réconciliée et non sur la tension réanimée d'une réconciliation qui a commencé, mais qui n'est *pas encore* achevée et dont les victimes représentent le signe, la trace et l'aiguillon. En résumé, « *l'apocalyptique judéo-chrétienne peut être considérée à juste titre comme mère de la théologie chrétienne* »[21], au sens où Dieu seul est le Maître de l'histoire.

Le deuxième élément est l'affirmation théologique du « *Dieu de Jésus en tant que Dieu des vivants et des morts, qui les appelle tous à devenir sujets devant sa face* ». Cette affirmation englobe tous les autres énoncés au sujet de Dieu, principalement le Dieu de la justice universelle et de la résurrection des morts. Au fond, c'est une critique que

---

[21] J. B. Metz, *La foi dans l'histoire et dans la société*, p. 200. De plus, Metz dira qu'« *une christologie sans apocalypse devient une christologie des vainqueurs* ». *Ibid*, p. 201.

Metz adresse à Marx. Metz critique la catégorie marxienne du surhomme, précisément son incapacité à assumer la totalité de l'histoire. Pour Metz, le surhomme n'assume que les victoires de l'histoire. Et quand les choses vont bien dans l'histoire, ce sont ses exploits, mais dès que les choses vont mal, le surhomme se retire et il n'y a personne pour assumer l'histoire. Par contre, le Dieu de Jésus assume l'histoire dans sa totalité.

Le troisième élément est l'espérance *solidaire de tous*. Cette espérance solidaire de tous concerne non seulement les vivants et les générations à venir, mais aussi les morts. Du point de vue de Metz, le chrétien n'espère pas avant tout pour lui-même, mais pour les autres et, à travers les autres, pour lui-même. Ce type d'espérance solidaire pour tous s'enracine dans le Dieu ressuscité qui est à la fois le Dieu des vivants et des morts. Il inclut ceux qui souffrent injustement, les oubliés de l'histoire et de la société, et les morts.

Enfin, Metz souligne l'importance de la *praxis*. Le théologien catholique allemand soutient la thèse selon laquelle « *l'idée chrétienne et biblique de Dieu est une idée essentiellement pratique* »[22]. Elle est pratique au sens où parler de Dieu, le confesser, le louer, engage un processus historique concret. C'est tout le sens de ce qu'opère la foi dans l'existence sociale du « sujet-croyant ». Tels sont les éléments qui donnent sens au message eschatologique[23] dans la société et expriment en même temps le primat apocalyptique. En ce qui concerne le sens du message eschatologique dans la société, il ne s'agit pas avant tout de la question de savoir quelle part de

---

[22] J. B. Metz, *La foi dans l'histoire et dans la société,* p. 83.
[23] *Ibid*, pp. 202-203.

salut nous avons déjà et quelle part n'est pas encore. Il s'agit bien plutôt de savoir combien de temps il reste : voilà la question eschatologique du temps.

1.1.4. L'exigence théologique de l'espérance créatrice

L'un des traits caractéristiques de la théologie politique est l'exigence de l'espérance créatrice. On entend par espérance pour tous comme espérance créatrice, une espérance de la foi, une espérance à partir de la foi, du fait que l'espérance créatrice donne à la foi l'horizon totalisant de l'avenir du Christ. Ainsi, opter pour « *la foi au Christ, sans l'espérance, apporterait une connaissance du Christ non durable et infructueuse* »[24]. Il s'agit ici d'une espérance active/mouvementielle et non d'une espérance passive. Le sujet croyant qui espère doit être créatif. Dans l'optique de la théologie politique, l'espérance n'est pas synonyme de « se croiser les bras ».

Metz a consacré tout le chapitre X de *La foi dans l'histoire et dans la société* à ce thème de l'espérance chrétienne comme attente imminente et combat pour le temps perdu. Par cet intitulé, il veut montrer que le chrétien qui espère doit vivre son espérance et devenir acteur de son histoire. Pour Metz, « *l'accent mis sur l'attente dans l'espérance chrétienne voudrait imprimer la marque du temps dans la pratique des chrétiens, dans le "suivre Jésus"* »[25]. En fait, c'est en rendant pratique l'espérance qui est en lui, que le chrétien peut devenir

---
[24] R. Gibellini, *op, cit*, p. 323.
[25] J. B. Metz, *La foi dans l'histoire et dans la société*, p. 192.

collaborateur de l'avenir. Dans *Un temps pour les ordres religieux*, Metz précise que « *l'espérance nous invite à vivre pour les autres, à transformer la vie des gens en devenant solidaires de leurs souffrances ou même en prenant leur place* »[26]. C'est dans cette perspective que l'espérance chrétienne sera visible et vivante, sachant que la force de cette espérance créatrice et son accomplissement se trouvent en Dieu.

1.1.5. Le caractère pratique de la théologie politique de Metz

Dans la vision metzienne, le caractère pratique de la théologie politique consiste à montrer que croire en Dieu, implique une manière d'être devant Dieu et avec les autres, dans la mesure où « *l'idée chrétienne et biblique de Dieu, est une idée essentiellement pratique* »[27]. C'est cette raison qui justifie chez Metz la compréhension de la théologie politique comme une théologie fondamentale pratique, et l'insistance sur le caractère pratique de la foi chrétienne dans l'histoire et dans la société.

Le caractère pratique de la théologie politique de Metz se réfère à l'action chrétienne dans ses formes d'engagement pratique, d'agir diaconal et social. C'est sous cette forme qu'il envisage sa théologie politique comme une théologie fondamentale pratique. Le mot *pratique* désigne une attention au réel et au social. Le terme *pratique* indique ici le travail du théologien dans le

---

[26] J. B. Metz, *La foi dans l'histoire et dans la société*, pp. 91-92.
[27] J. B. Metz, *Pour une théologie du monde,* p. 83.

monde, son action ecclésiale, l'action des chrétiens dans la société. Le caractère pratique de la théologie politique provoque une interaction entre la pratique ecclésiale et l'engagement personnel des croyants. La théologie ne consiste pas seulement à procurer un savoir touchant le trésor de la foi de l'Église à laquelle l'on appartient. Elle est aussi l'action chrétienne pour renforcer l'échange et la confrontation, arrimés à la capacité de conduire à une conscience critique face au christianisme existant et face aux pouvoirs de ce temps. La parole de Dieu ne se contente pas de donner à penser. Elle donne à faire. C'est pour ces raisons que la théologie politique de Metz s'élabore à partir du sujet, des questions concrètes posées par et dans l'expérience existentielle du sujet dans le monde.

1.2. La théologie politique, une théologie de l'engagement dans le monde

La thématique de la théologie politique perçue comme une théologie de l'engagement dans le monde est systématiquement développée dans l'ouvrage de Jean Baptiste Metz intitulé *Pour une théologie du monde*. Cet ouvrage dédié à son maître Karl Rahner rassemble ses travaux de 1961 à 1967. Et comme le souligne Metz, ces réflexions ne veulent cependant pas être un traité théologique suivi sur le *monde*. Elles examinent plutôt une question qu'il faut sans cesse poser à nouveau et qui est aujourd'hui indispensable : « *celle du point de départ et du point de référence de la responsabilité théologique de la* *foi en face du monde »*²⁸. Il ajoute, « *c'est ainsi que la discussion du thème monde m'a sans cesse amené à poser en même temps la question générale de l'évaluation de la responsabilité théologique de la foi* »²⁹ dans l'histoire et dans la société.

Tel est le cadre de la théologie politique de Metz vue comme théologie de l'engagement dans le monde. Ce cadre théologique s'appuie sur l'énoncé formel selon lequel Dieu agit sur le monde dans une réalité historique qui met en lumière l'action exercée par Dieu dans l'événement de l'Incarnation. La vérité de l'Incarnation apparaît ici comme horizon du dépassement de la différence entre le sacré et le profane. Ce cadre nous permet de comprendre le rapport entre l'Église et le monde du point de vue de la théologie politique qui est une théologie de l'engagement dans le monde. Une théologie qui se propose à la fois de comprendre le monde à partir de la foi et de repenser le rôle de la foi chrétienne dans un espace mondanisé.

1.2.1. Le support christologique de la théologie du monde

On entend par support christologique de la théologie du monde, l'interprétation dogmatique de l'Incarnation de Dieu dans le monde. Cette interprétation consiste à montrer qu'en la personne de Jésus-Christ, Dieu n'absorbe pas l'altérité, mais il l'adopte et la fait devenir encore plus autre ; en l'adoptant, il la libère dans la particularité de son

---

[28] J. B. Metz, *Pour une théologie du monde*, p. 13.
[29] *Idem.*

être propre. Une telle lecture du dogme christologique conduit Metz à voir dans l'événement de l'Incarnation la figure-type du rapport entre Dieu et le monde.

Le soubassement christologique de la théologie du monde s'exprime par le fait que « *Dieu a accepté le monde en son Fils Jésus et cette acceptation a le caractère définitif de la fin des temps* »[30]. Autrement dit, l'Incarnation de Dieu est une preuve par et dans laquelle Dieu a voulu certifier qu'il est un Dieu de l'histoire, dans la mesure où il apparaît Lui-même dans l'histoire et que celle-ci devient, dans son Fils, la propre destination du Dieu immuable.

En clair, l'événement de l'Incarnation donne à penser un nouveau mode de relation entre Dieu et le monde qui n'est ni un rapport de concurrence entre l'homme et Dieu ni une distance malheureuse entre eux. Cette méprise réside, selon Jean Baptiste Metz, dans le fait que l'adoption du monde est envisagée sous le modèle de la nature perçue comme monde de l'homme. Dès lors, par le fait qu'il est adopté par Dieu, le monde devient un « morceau » de Dieu, et Dieu un secteur de l'univers. Le salut consiste, dans cette optique, à maintenir l'altérité suscitée par Dieu et à la mener jusqu'à son accomplissement. Metz est convaincu qu'en adoptant notre monde en Jésus-Christ, Dieu n'absorbe pas la réalité qu'il assume, mais au contraire, « *la venue de Dieu dans notre monde augmente le poids spécifique du monde* »[31]. Une telle approche théologique conduit Metz à penser jusqu'au bout l'altérité du monde vis-à-vis de Dieu et à

---

[30] J. B. Metz, *Pour une théologie du monde*, p. 26.
[31] *Ibid*, p. 33.

comprendre l'autonomisation du monde comme la réalisation même de sa christianisation.

En résumé, il convient de dire qu'à travers l'événement de l'Incarnation, Metz invite tout chrétien à comprendre son rapport au monde comme une continuation de l'adoption libératrice du monde en Jésus-Christ. Son hypothèse est que, si l'adoption du monde en Jésus-Christ augmente le poids spécifique du monde, alors l'adoption du monde en Jésus rend le monde encore plus monde en le menant à l'accomplissement de son autonomie. Si tel est le cas, qu'en est-il du rapport entre l'Église et le monde ?

1.2.2. Le nouveau paysage des rapports Église-monde selon Metz

Le nouveau paysage des rapports Église-monde s'inscrit dans la trajectoire du débat conciliaire, précisément de la Constitution pastorale *Gaudium et Spes*. De même que les sacrements et la vie sont étroitement liés, l'Église et le monde ont aussi un lien dialectique. L'Église prend connaissance de son identité et de sa signification précisément en prenant le monde comme son champ d'action.

La mission de l'Église est, par conséquent, d'être le symbole et la servante du Royaume de Dieu, non pour elle-même mais pour le monde entier. C'est sa présence et son action dans le monde qui lui donnent sa réelle identité. C'est pour cela qu'elle est appelée à devenir une Église dans le monde. Le concile Vatican II a voulu commencer ce dialogue vivant et continuel avec le monde contemporain dans son document sur *l'Église dans le monde de ce temps, Gaudium et Spes*.

En tenant compte des vues de Concile Vatican II sur le rapport Église-monde, Metz précise : « *Christianiser le monde, cela ne veut pas dire qu'il faille faire de lui autre chose que [...] le monde* »[32]. Christianiser le monde ne consiste pas tant à lui ajouter des éléments qui lui sont étrangers qu'à le replacer dans sa vérité originelle, qu'à le faire parvenir à sa réalité propre. Pour Metz, « *ce qui est ici demandé à l'Église, ce n'est pas une doctrine sociale systématique, c'est une critique sociale* »[33]. Dans cette affirmation, Metz assigne à l'Église une fonction critique et libératrice de responsabilité publique à l'égard du monde et d'autrui. L'Église doit adopter une fonction critique et libératrice en face des conditions sociales. Elle peut s'acquitter de cette tâche, nonobstant les contre-indications de longs siècles d'histoire ecclésiastique, en vertu de la « réserve eschatologique ».

1.2.3. La théologie politique comme théologie de l'engagement dans le monde

La théologie politique comme théologie de l'engagement dans le monde se propose d'approfondir le rapport établit entre projet de théologie fondamentale pratique et la réalité concrète de l'homme dans le monde. Il s'agit d'un rapport qui résulte d'un certain type de

---
[32] J. B. Metz, *Pour une théologie du monde*, p. 58.
[33] *Ibid*, p. 144.

répercussion théologique, christologique, ecclésiologique et éthique que Metz tire de sa réflexion théologique.

La théologie politique perçue comme théologie de l'engagement dans le monde est développée, de long en large, dans la publication de 1969, traduite en langue française en 1971 sous le titre *Pour une théologie du monde*. Dans le livre de 1977, notamment dans sa version française de 1979 sous le titre *La foi dans l'histoire et dans la société*, l'on retrouve la même orientation d'une théologie en dialogue avec le monde. Il s'agit d'une théologie soucieuse de la responsabilité publique de la foi dans le monde. Le monde ici est toujours un monde de l'homme, un monde en tant qu'espace social où vit l'homme.

1.2.4. La compréhension du monde à partir de la foi

Metz part d'un constat simple : « Le monde est aujourd'hui devenu mondain ». Ce constat traduit l'état de la réalité théologique et le processus de la sécularisation du monde, qui sont en fait, la conséquence logique de la modernité, précisément de l'*Aufklärung*. Devant une telle réalité, la foi chrétienne doit assumer la mondanéité. À ce sujet, Metz écrit : « *Une foi qui vit ainsi en dehors de l'histoire ne se trouve presque jamais dans l'embarras [...] ; une telle foi reste prolixe ; avec une étonnante suffisance, elle peut continuer à discourir sur Dieu et sur le monde. Mais il lui manque l'accent que donnent la* *détresse et la couleur du réel »*³⁴ de la vie concrète des hommes et des femmes dans la société.

Selon Metz, une théologie qui pense historiquement peut difficilement se résigner à poser par hypothèse que le processus de la mondanisation qui marque les temps modernes est en son centre même non chrétien et que par conséquent, l'histoire du monde telle que l'on peut la saisir de l'intérieur, s'est à nouveau détachée de l'histoire du salut. Il convient de comprendre ici que l'histoire et la société devenaient plus que jamais des lieux théologiques nécessitant le diagnostic clairvoyant du théologien conscient de sa responsabilité sociale. Le rôle de la théologie, dès lors, est de montrer comment le commencement chrétien est actif authentiquement et historiquement dans la mondanisation du monde. C'est précisément ce que Metz affirme. Ainsi, il est donc au moins permis de se poser la question : *« cette mondanisation du monde, qui est irréversible et que l'on ne saurait trop prendre au sérieux, comment se trouve-t-elle encore sous la « loi du Christ » (1 Co 9, 21) ?* Autrement dit *« Comment y a-t-il encore aujourd'hui, à l'intérieur même de l'histoire, un Avent, un avenir issu d'une origine chrétienne, la venue-sur-nous de ce qui est arrivé en Jésus-Christ ? »* Comment l'homme - *« Jésus est-il encore agissant en tant que Seigneur exerçant de l'intérieur sa souveraineté sur l'histoire, et n'en étant pas seulement la garantie transcendante ? »*³⁵

Cette déclaration de Metz nous permet de recevoir la mondanéité du monde non comme une dépossession du Christ au sein d'une histoire qui le conteste avec violence,

---

³⁴ J. B. Metz, *Pour une théologie du monde*, p. 18.
³⁵ *Ibid*, p. 21.

mais comme un moment décisif de sa domination sur l'histoire. Pour cette raison, nous devons sinon percevoir du moins découvrir la « *mondanéité du monde* »[36] en tant que possibilité de l'événement historique de son adoption par Dieu. Et c'est dans cette optique que Metz peut faire de la mondanéité du monde un énoncé théologique positif, montrant, en cela même, que le salut apporté en Jésus-Christ ne s'offre pas sur le plan d'une universalité abstraite, mais au cœur de l'histoire. Cependant, la « loi du Christ » peut être reçue comme une participation à la révélation qui se donne dans notre histoire et nous incite à un engagement concret dans le monde.

I.2.5. Le rôle de la foi chrétienne dans un monde mondanisé

Pour décrire le rôle de la foi chrétienne dans un monde mondanisé, Metz part du rapport de l'homme au monde, ce « *rapport au monde consiste à continuer dans la foi la descente de Dieu dans le monde, l'adoption libératrice du*

---

[36] Le mot « monde » désigne la communauté des hommes. Mais cela ne suffit pas pour que la mondanéité de celle-ci soit élevée au concept théologique. Cela permet d'éviter de « regarder la réalité du monde d'aujourd'hui comme un élément négatif pour le christianisme. Il y a une orientation chrétienne dans la mondanéité du monde à définir et à promouvoir. Jean Baptiste Metz a essayé de la faire dans son ouvrage *Pour une théologie du* monde. Ce dernier voit dans la mondanéité du monde un énoncé théologique positif ». Cf. Marie-Laurent SCHILLINGER, « À la recherche de Dieu. Une étude en Alsace Mulhouse », in *Le point théologique*, n° 53, Paris, Beauchesne, 1989, p. 228.

monde en Jésus-Christ »[37]. Pour clarifier ce principe, Metz précise que : Le rapport au monde du croyant ne réside donc pas […] dans une affirmation de sa différence avec le monde ; il devra au contraire achever de l'intégrer dans la foi et lui donner sa mondanéité[38]. Telle est l'idée principale de la fonction de la foi chrétienne dans un monde mondanisé.

Mais devant un tel principe, « *l'homme apparaît comme le médiateur en même temps que le lieu de la transformation de ce monde*»[39]. Qu'il soit chrétiennement responsable du monde et assume cette responsabilité, dans l'horizon de cette mondanéité du monde. Ainsi, être responsable du monde au nom de la foi chrétienne, c'est aussi assumer sa condition dans un pluralisme des activités de la vie et s'engager dans le monde. L'engagement responsable du croyant dans un monde irréductible doit être un prolongement kénotique du Christ, prolongement dans lequel Dieu, en son Fils, adopte le monde, vit avec le monde. Par conséquent, la mondanéité existentielle du croyant se manifeste comme lui étant accordée par le discernement de sa foi.

Dans la perspective de Metz, l'homme n'est pas à l'origine de l'adoption du monde, c'est l'œuvre de Dieu rendue visible dans la descente du Fils dans le monde. L'homme n'a pas la mainmise sur la mondanéité du monde puisqu'il ne la maîtrise pas. C'est pour cette raison que Metz affirme : « *Le monde est tout entier saisi par le Christ ; mais ce n'est pas en nous et dans notre situation historique de croyants, c'est en Dieu, et dans le « oui »*

---

[37] J. B. Metz, *Pour une théologie du monde*, p. 51.
[38] *Idem.*
[39] *Ibid,* pp. 50-51.

qu'il a, lui seul, prononcé sur le monde, dans le mystère impénétrable de son amour, qu'est le lieu de convergence entre la foi et le monde »[40]. Ainsi, s'engager dans le monde, saisi par le Christ et perçu comme lieu de rencontre entre la foi et le monde, permet au chrétien de se montrer comme homme mondain. Chrétien et homme mondain dans la mesure où il peut laisser le mondain exprimer son soi-même, son être-mondain, dans le souci d'accomplir dans la foi l'adoption libératrice du monde, œuvre de Dieu manifesté dans la figure de son Fils, Jésus-Christ.

Ce choix exige du chrétien d'avoir un comportement responsable face au monde. Avoir un tel comportement chrétien, c'est entrer dans la démarche d'adoption et de libération du monde. C'est dans cette optique que la foi peut rendre l'homme complètement libre, libre dans la relation avec le monde au sens où cet homme croyant se perçoit et se reçoit dans la trajectoire de la descente du Fils de Dieu pour adopter et libérer le monde. C'est aussi le vrai sens de la christianisation du monde dans la mesure où : « *Christianiser le monde, c'est, dans un sens original, le mondaniser, c'est le faire parvenir à son être propre, à sa propriété, c'est lui ouvrir les hauteurs ou les profondeurs presque insoupçonnables de son être-monde, rendues possibles par la grâce* », mais « *compromises ou même ruinées par le péché. Car c'est le péché qui rend le monde étranger à lui-même* »[41]. Ceci engage la responsabilité de théologie.

Par cette assertion, Metz plaide en faveur de l'épanouissement du monde tel qu'il est et est voulu par

---

[40] J. B. Metz, *Pour une théologie du monde*, p. 54.
[41] *Ibid*, p. 58.

Dieu en son Fils et non la surcharge du monde par quelque chose qui lui serait étranger. Au sujet du monde, Metz précise qu'il ne s'agit pas de « *lui imposer une nouvelle dimension, [...] l'arracher à « l'exil » de sa mondanéité pour le jeter entre les bras d'une divinité à l'éclat lumineux* »[42]. Pour cela, le chrétien doit partir de l'initiative rédemptrice historique de Dieu, et travailler à redonner au monde son vrai visage voulu par Dieu. C'est cela le rôle de l'Église à l'intérieur du monde.

Selon Metz, « *l'Église est proprement en vue du monde. [...] Le monde est le terme des chemins de Dieu. L'Église elle-même est au service de la volonté universelle de Dieu sur le monde. Elle atteste et rend présent le règne de cette volonté faite chair* »[43]. Ainsi, loin de s'opposer au monde, l'Église est là pour révéler au monde la vraie nature du monde. Metz définit l'Église dans la perspective du dessein du salut universel de Dieu sur le monde. Dieu veut le monde, et non seulement l'Église, en tant que différente du monde et de la société, lieu de la transmission de la mémoire, communauté de récit et de la solidarité.

1.3. Les catégories de la théologie politique de Metz

Metz bâtit sa théologie politique, théologie dite fondamentale pratique, sur trois catégories majeures que sont : la mémoire, le récit ou la narration et la solidarité. C'est précisément dans son ouvrage *La foi dans l'histoire*

---

[42] J. B. Metz, *Pour une théologie du monde*, pp. 57-58.
[43] *Ibid*, p. 59.

et dans la société que le théologien Metz a développé les trois catégories de la théologie politique, notamment aux chapitres XI, XII et XIII de ce livre. Il convient de préciser que ce livre est de maturité et de floraison dans laquelle Metz a su assumer les critiques adressées à sa première publication sous le titre *Pour une théologie du monde*.

Il sera question dans les lignes qui suivent d'exposer et d'analyser d'abord le contenu de la théologie politique de Metz à travers l'étude de ces trois catégories majeures. Ensuite, nous aborderons la catégorie de l'eschatologie perçue dans la perspective de Metz en tant que catégorie fondamentale de la théologie politique.

1.3.1. La mémoire comme première catégorie de la théologie politique

La thèse de la théologie politique de Metz se résume à cette phrase : « La foi chrétienne est mémoire ». Si le concept « mémoire » désigne généralement la faculté de se souvenir, de se rappeler ce qu'on a vu, ce qu'on a appris, dans la perception de Metz, il s'agit du contenu de la mémoire chrétienne qui est mémoire de la passion du Christ. Une mémoire active qui assume l'histoire critique de la société et qui développe les dimensions pratiques comme la mémoire dangereuse, capable de réveiller l'espérance et d'ouvrir les horizons d'avenir. Dans l'une des dernières publications intitulée : *Espérer envers et contre tout. Un juif et un chrétien après Auschwitz*, Metz précise lui-même : « *si je me réfère à la memoria passionis (mémoire de la passion) comme seule catégorie universaliste de l'humanité qui nous soit accessible, je n'entends pas par là une mémoire servant à se rassurer soi-même et à affirmer sa propre identité »*, mais plutôt « *une mémoire qui remet précisément en question une identité complètement étanchée* ». Au fond, « *il s'agit donc d'une "mémoire dangereuse", qui rend plutôt faible et vulnérable. Une mémoire qui n'utilise pas les souffrances endurées pour devenir agressif, mais qui fait réfléchir à l'autre qui souffre* »[44] sous nos yeux et qui a besoin de nous, maintenant.

Par cette déclaration théologique, Metz fait savoir que la mémoire des souffrances passées occupe une place de choix dans sa théologie politique. La souffrance devient un argument central de la théologie fondamentale pratique que la foi doit assumer. Elle doit l'assumer parce que, dans la foi, les chrétiens accomplissent la *memoria passionis, mortis et resurrectionis Jesu-Christi*. En fait, Metz transpose, à l'intérieur même de la mémoire, la tension qui existe entre la mort et la résurrection de Jésus, comme aussi entre le passé souffrant de l'humanité et l'avenir eschatologique qui lui est promis. C'est dans cette perspective que la foi chrétienne prend la thématique du salut au sérieux et la voit comme un défi adressé à l'Église et aux chrétiens.

On ne peut pas séparer la mémoire de la résurrection de la mémoire de la passion. Dans cette optique, « *il n'y a pas de compréhension de la gloire de la résurrection qui puisse faire abstraction des ténèbres et des menaces présentes dans l'histoire de la souffrance humaine. Une memoria resurrectionis, qui ne serait pas memoria*

---

[44] Johann Baptist Metz, Elie Wiesel, *op. cit*, pp. 66-67.

passionis, serait de la pure mythologie »[45]. Chez Metz, la mémoire est mémoire dans la mesure où elle prête attention aux souffrances et s'ouvre à l'espérance. C'est la raison pour laquelle Metz inscrit la mémoire au cœur de la théologie fondamentale pratique. Pour Marcel Xhaufflaire, disciple de Metz, « *cette mémoire est dangereuse et subversive. Elle est une provocation pour nous. Elle met en question notre présent* »[46]. La mémoire est dangereuse et subversive dans la mesure où elle nous dépayse vis-à-vis de la toute-puissance de sa facticité. Elle brise le cercle enchanteur de la conscience dominante du temps. Elle détruit les mécanismes de refoulement des conflits et des occultations de l'espérance. Elle nous présente des possibilités d'avenir non encore développées. Elle mobilise la tradition comme un potentiel de critique et de libération face à l'unidimensionnalité caractérisant les évidences et les puissances du moment. Une telle vision de la mémoire critique nous permet de sortir de nous-mêmes et d'être solidaires des plus petits. C'est une *sequela Christi*.

Ainsi, l'histoire de la rédemption devient désormais une histoire de lutte dans un contexte caractérisé par les souffrances de l'humanité. Cette lutte détermine la foi comme question de la justice due aux souffrances de l'humanité. Il convient de noter que, parmi les explicitations les plus notables de Metz, il y a le recours permanent à la notion de *suite du Christ* en lien avec la mémoire de la souffrance, notion qui reprend en termes concis, les différentes implications de la définition de la foi comme mémoire de la souffrance. Chez Metz, la *suite*

---

[45] J. B. Metz, *La foi dans l'histoire et dans la société*, p. 133.
[46] Marcel Xhaufflaire, *La « Théologie politique »*, Coll. Cogitatio Fidei, Paris, Cerf, 1972, p. 47.

du Christ permet de fonder la dimension pratique de la théologie fondamentale, sans occulter le caractère pathétique qui tient à la définition de la foi comme mémoire de la souffrance. La suite du Christ est une pratique référée à la foi au Christ : elle a une signification double et indissociable, à la fois mystique et politique.

1.3.2. Le récit comme deuxième catégorie de la théologie politique

La narration ou le récit comme deuxième catégorie théologique est apparue dans la théologie fondamentale pratique de Metz dans les années 1972-1973 au cours de la deuxième phase du débat sur sa théologie politique. Le récit de la souffrance est l'un des instruments privilégiés par lesquels Metz insiste sur la dimension négative de la théologie, notamment le versant critique de la théologie politique.

Il convient de reconnaître qu'à travers le récit, Metz plaide en faveur de la revalorisation du souvenir, au sens d'une mémoire critique. Il est question de la mémoire d'une histoire de souffrance comme critique de l'histoire des vainqueurs, imposée à tous. Chez Metz, l'intégration du souvenir à titre de catégorie fondamentale de la raison pratique, est en quelque sorte, une promotion au sein de notre conscience critique du respect de la souffrance et de la valorisation de la capacité du récit qui prend en compte ce souvenir. En résumé, selon Metz : « *Pour une raison qui garde ce respect, l'histoire prend la stature d'une tradition dont la transmission se fait dans la "narration", dans des histoires "dangereuses", jamais dans la pure argumentation* »[47] purement abstraite.

Sans le récit, l'expérience du salut resterait muette. La sotériologie est dès lors nécessairement narrative, « *elle a besoin du récit ; c'est fondamentalement une sotériologie narrative et mémorative* »[48] dont le souvenir constitue l'identité de la communauté chrétienne. Pour Metz, « *le christianisme n'est pas d'abord une communauté d'interprétation et d'argumentation, mais une communauté du souvenir et du récit, avec une perspective pratique : souvenir qui rappelle et appelle la Passion, la Mort et la Résurrection* »[49]. Au fond, l'assomption d'une dimension narrative et, avant tout, l'articulation vitale aux récits fondateurs, peuvent être considérées dans la perspective théologique de Metz comme des critères herméneutiques d'évaluation d'une proposition théologique.

Si la théologie fondamentale pratique de Metz s'élabore dans la trame du récit, il ne s'agit pas pour Metz de restaurer le récit dans un rôle uniquement pédagogique ou catéchétique, mais bien de manifester sa participation à la structure même du discours théologique. Ainsi, Metz assigne au récit un sens théologique fort élaboré. En outre, évoquant ce que Metz considère comme thème central de la théologie systématique actuelle, précisément la relation entre le salut et le champ historique, il institue le récit comme moyen de la rencontre du salut et de l'histoire. Selon lui, les tentatives de l'interprétation existentielle, de la théologie utopique ou même la perspective d'une

---

[47] J. B. Metz, *La foi dans l'histoire et dans la société*, p. 242.
[48] *Ibid*, p. 157.
[49] *Ibid*, pp. 239-240.

théologie trinitaire échouent dans leurs manières « notionnelles et raisonneuses » d'entreprendre une réconciliation entre l'histoire universelle du salut et l'histoire des conflits et de la souffrance humaine.

Si l'Église apparaît chez Metz comme une communauté qui fait mémoire, elle est aussi une communauté qui raconte la mémoire de la passion.

1.3.3. *La solidarité comme troisième catégorie de la théologie politique*

La troisième catégorie de la théologie politique en tant qu'apologie pratique de l'espérance chrétienne, est la solidarité. Dans l'orientation théologique de Jean Baptiste Metz, les deux premières catégories qui sont : la mémoire et la narration/le récit, se font pratiques par l'intermédiaire de la solidarité.

Si le principe théologique de la solidarité est illustré dans le dogme chrétien par la doctrine du péché originel comme solidarité de tous les hommes en Adam, et celle de la rédemption notamment, la solidarité positive de tous dans le Christ, chez Metz, renvoie à un contenu pragmatico-opératoire: « *La solidarité est une catégorie de la théologie fondamentale pratique, et comme telle, elle est catégorie de l'assistance, de l'appui et du redressement du sujet, face aux menaces et aux souffrances violentes dont il est l'objet* »[50]. Une telle définition laisse voir dans la solidarité une main tendue

---
[50] J. B. Metz, *La foi dans l'histoire et dans la société*, p. 257.

vers/pour autrui, un geste de bonne volonté en direction des autres. C'est cela le sens de la solidarité comme une catégorie fondamentale de la théologie politique du sujet. Comme catégorie de la théologie, la solidarité s'oppose à l'identité du système construite sur l'avoir, sur la possession, et constitue le sujet dans la catégorie de l'assistance en vue du relèvement du sujet-souffrant. Elle permet à l'autre de devenir sujet devant Dieu.

Metz considère la solidarité comme fondement ultime de Dieu lui-même. Ceci, parce que le Dieu des chrétiens est le Dieu des vivants et des morts. Parce que le Dieu des chrétiens appelle chacune de ses créatures à devenir sujet devant sa face. En d'autres termes, Dieu crée une relation interpersonnelle avec chaque créature, ce n'est pas un groupe que Dieu reconnaît, mais chaque individu, chacun par son nom et c'est au nom de cette dignité que nous devons reconnaître la valeur de chaque être humain. Il s'agit de la solidarité de tous ceux que Dieu appelle à devenir sujets devant sa face. Une « *solidarité dans le souvenir avec les morts et les vaincus, elle est souvenir dangereux non pas seulement des vainqueurs, mais des gens perdus, non pas seulement de ceux qui avaient réussi, mais de ceux que l'histoire a engloutis* »[51]. Il s'agit de prendre en compte aussi la solidarité vers l'arrière pour souligner l'aspect spécifique de l'humanité et la force des capacités humanitaires du christianisme et de la théologie. Par ce biais spécifique, les débats actuels autour de l'histoire et de la société occupent une place cardinale.

Le souci de Metz, c'est d'être le défenseur des sans-voix, de ceux qui ne peuvent pas se défendre eux-mêmes. C'est leur situation qui le préoccupe. Et c'est donc une

---

[51] J. B. Metz, *La foi dans l'histoire et dans la société,* p. 256.

façon d'inviter la théologie, notamment l'ecclésiologie, à se montrer beaucoup plus solidaire de ceux-là. Il ne s'agit pas d'ignorer les autres ou de les mettre de côté, mais de leur adresser un message de conversion. Il faut se montrer solidaire d'eux pour les valoriser, pour les aider à prendre conscience que Dieu, en qui ils croient, est un Dieu qui les appelle à devenir sujets devant Sa face.

Avec ce développement, l'on peut dire que la structure de la solidarité, en tant que catégorie de la théologie fondamentale pratique, est « mystico-politique ». D'une part, elle est mystique parce qu'elle naît de la foi comme mémoire et narration de l'histoire de Jésus. Et d'autre part, elle est politique, parce qu'elle est une praxis dans l'histoire et dans la société au sens de l'engagement pour le devenir sujet de tout homme devant Dieu, afin que la dignité de tout homme soit reconnue dans la pratique, une dignité que Dieu reconnaît à tout être humain et par laquelle tout être humain est un sujet devant Lui. Cette solidarité a quelque chose de très particulier dans le désintéressement qu'elle met en œuvre vis-à-vis du monde.

1.3.4. La réserve eschatologique

Bien qu'elle ne figure pas parmi les trois catégories majeures de la théologie fondamentale pratique de Metz, l'expression « réserve eschatologique » occupe une place importante dans sa théologie. Elle désigne l'inévitable écart entre ce qui est, maintenant, et ce qui advient. D'une part, elle fait référence à la différence qualitative entre les institutions actuelles et ce qui vient, et d'autre part, elle souligne le caractère provisoire de toute organisation sociale, politique, économique et culturelle pour rappeler à l'homme que le dernier mot de l'histoire revient à Dieu. C'est dans cette trajectoire que, Marcel Xhaufflaire, un des grands commentateurs de Metz, définit « *la réserve eschatologique* » comme « *le dernier mot ou le mot de la fin de l'histoire [...] réservé à Dieu. C'est ce que Metz appelle "Eschatologischer Vorbehalt", expression malaisément traduisible et que nous rendons par les termes : "réserve eschatologique"* »[52]. La réserve eschatologique prône une distance critique à l'égard des aménagements circonstanciels de la réalité politique. Cette « réserve eschatologique », en vertu du Royaume encore en suspens, a le mérite d'éviter aux chrétiens de réduire les desseins de Dieu aux prises de position d'un parti politique ou d'une classe sociale.

Une mauvaise compréhension de « *"la réserve eschatologique", en vertu de laquelle chaque état de la société atteint par l'histoire apparaît comme provisoire* »[53], peut donner naissance à une certaine catégorie de chrétiens qui, face aux difficultés, aux maladies, aux injustices, se contentent de croire passivement, d'invoquer Dieu à grand cri sans rien faire de plus ; attendant le miracle ! Ce serait une erreur grave tant sur le plan humain que sur le plan théologique. Selon Jean Baptiste Metz, la « *"réserve eschatologique" ne nous fait pas adopter une attitude négative devant la société présente, mais une attitude critico-dialectique* »[54]. Tel est le vrai sens de la « *réserve eschatologique* ».

---

[52] M. Xhaufflaire, *op. cit*, p. 33.
[53] J. B. Metz, *Pour une théologie du monde*, p. 133.
[54] *Idem*.

Dans cette optique, Jean Baptiste Metz met en avant cette fonction critique et répond au défi marxiste en articulant l'avenir de la promesse divine et l'avenir de l'action humaine au sein de l'histoire. Sans cette réserve eschatologique, l'histoire de la liberté semble toujours à nouveau contrainte de mettre en exergue une instance à cette histoire comme nation, race, classe sociale, Église ou parti, etc., en lui donnant de se constituer comme sujet de l'ensemble de l'histoire de la liberté et de s'établir en pouvoir politique potentiellement absolu.

1.3.5. *Eschatologie critique, productive et différence eschatologique*

Littéralement, le terme « eschatologie » désigne la doctrine des choses dernières ou des fins dernières (*eschata*). D'une manière générale, l'eschatologie porte sur le but, l'accomplissement de la création et de l'histoire aussi bien individuelle qu'universelle du salut. L'accomplissement ici ne signifie pas seulement un achèvement dans le temps et un aboutissement dans l'espace, il thématise l'espérance chrétienne chère à la théologie fondamentale pratique de Metz. Ainsi, l'eschatologie, dans sa déclinaison critique et productive, concerne l'homme, comme individu et en tant que membre d'une communauté.

L'eschatologie critique et productive se fonde sur les promesses eschatologiques bibliques de la liberté, de la paix, de la justice et de la réconciliation, pour lancer un appel impératif et constant à la responsabilité sociale.

Parmi les héritiers de la pensée de Jean Baptiste Metz, il y a M. Xhaufflaire pour qui : « *Metz insiste sur le fait que la foi eschatologique et l'engagement terrestre ne s'excluent pas mutuellement* ». Par ailleurs, « *la foi et la communauté chrétienne ont [...] à ne pas chercher l'image de leur propre avenir à côté ou au-dessus de la responsabilité pour le monde présent : leur espérance n'est pas un calmant, mais un stimulant pour la transformation active du monde* »[55] et de la société.

Cette assertion de M. Xhaufflaire sur l'espérance chrétienne est capitale. Mais, de quelle manière faut-il la comprendre pour qu'elle ne fasse pas sombrer le chrétien dans l'irresponsabilité historique ? Le chrétien qui n'est pas dûment formé et informé peut penser que l'espérance chrétienne donne l'espace à Dieu, à Dieu seul et dispense de penser, d'agir, de s'engager et de prendre en main ses responsabilités face à l'histoire, face aux problèmes de vie qui se présentent à lui ou à la communauté à laquelle il appartient. Mais en réalité, l'eschatologie critique et productive entraîne une responsabilité critique et créatrice confiée au chrétien sous le mode de l'espérance, « *une espérance dans laquelle "nous n'avons pas simplement à boire quelque chose, mais encore à préparer les plats"* »[56]. La préparation des plats renvoie ici à la responsabilité critique et créative du chrétien dans la société, à partir de sa foi. L'eschatologie critique et productive apparaît, en fait, comme un dépassement dialectique de la distinction entre l'avenir d'un point de vue chrétien (l'avenir transcendantal) et l'avenir intramondain.

---

[55] M. Xhaufflaire, *op. cit*, p. 35.
[56] *Idem*.

Désormais, c'est dans l'histoire du monde que se réalise l'histoire du salut. Donc, l'histoire du salut est à lire dans l'histoire du monde. Ainsi, l'orientation que donnent les promesses de la paix et de la justice transforme constamment notre existence historique actuelle. Elles nous amènent et nous contraignent toujours à reprendre une position critique et libératrice à l'égard des conditions sociales qui, de fait, nous entourent. C'est dans cette perspective que les paraboles de Jésus sont à la fois des paraboles du royaume de Dieu et des paraboles qui nous introduisent dans un rapport nouveau et critique avec l'entourage. Toute théologie eschatologique doit donc devenir théologie politique en tant que théologie critique de la société.

Insister sur le fait que l'eschatologie chrétienne n'est pas une eschatologie de l'attente passive, c'est attirer l'attention du chrétien sur la dimension critique et productive de l'eschatologie. Une telle approche de l'eschatologie permet au chrétien de coopérer activement à l'advenu du Royaume de Dieu à partir de son être-là dans la société. Cela permet aussi de percevoir le monde non comme une réalité déjà constituée, mais comme une réalité à construire, une construction qui sollicite la responsabilité de l'homme.

Qu'en est-il de la « différence eschatologique » ? Selon Marcel Xhaufflaire, la différence eschatologique est d'ordre qualitatif : elle ne peut être exprimée selon les catégories dualistes de la raison métaphysique. Son point de référence est l'ici-bas de la croix du Christ qui sépare autant qu'elle unit l'espérance des désespérés[57]. La « différence eschatologique » est une critique adressée aux

---

[57] M. Xhaufflaire, *op. cit*, p. 46.

catégories de *transcendance* et d'*immanence*, issues de la métaphysique de la nature depuis Platon, mais qui continuent de faire école aujourd'hui. Metz perçoit ce courant de pensée comme une fuite hors de l'histoire et de l'expérience de la liberté.

Ce premier chapitre, qui avait pour objectif d'exposer l'univers théologique de la théologie fondamentale pratique de Jean Baptiste Metz, nous a permis de revisiter les lieux et les phases d'élaboration de sa pensée théologique en trois étapes. Cet univers théologique nous permet de situer le cadre d'émergence et d'exposer l'état des débats sur la théologie politique de Metz. Ce qui retient l'attention de notre auteur, c'est avant tout la double tâche négative et positive de la théologie politique, ensuite sa démarcation de l'ancienne théologie politique pour élaborer la nouvelle théologie politique qui assume l'eschatologie et valorise l'apocalyptique, afin de plaider en faveur d'une espérance pour tous, tout en mettant en valeur le caractère pratique de la théologie politique. À travers cette présentation générale de la théologie fondamentale pratique de Metz, nous avons compris que sa théologie politique est une théologie de l'engagement dans le monde, insistant sur le rapport théologique Église-monde, la compréhension du monde à partir de la foi.

Les catégories majeures de la théologie politique de Metz et la pertinence de la réserve eschatologique ainsi que celle de l'eschatologie critique, productive - perçues comme catégories critiques et créatives de la théologie fondamentale - nous ont aidé à cerner le contenu de sa théologie fondamentale pratique. Par ailleurs, la présentation de l'univers théologique de Metz nous prépare à bien comprendre son ecclésiologie politique.

Chapitre 2 : L'ecclésiologie politique de Jean Baptiste Metz

De prime abord, il faut signaler que Jean Baptiste Metz n'a pas élaboré un traité d'ecclésiologie systématique. Il se situe au niveau d'une théologie fondamentale pratique. S'il y a une ecclésiologie dans la théologie politique de Jean Baptiste Metz, il s'agit plutôt d'une ecclésiologie négative. Metz définit l'Église comme une institutionalisation de la liberté critique et du travail de mémoire. Selon lui, l'Église se définit et s'atteste comme celle qui témoigne et qui communique publiquement un souvenir dangereux de liberté. Dans la vision de Metz, l'Église est perçue comme une communauté du souvenir, un souvenir qui s'interprète théologiquement comme « *memoria passionis, mortis et resurrectionis Jesu-Christi* »[58] pour devenir sujet de tous.

Dès lors, le problème ecclésiologique qui se dégage est celui de savoir s'il y a une manière ecclésiale spécifiquement chrétienne de comprendre le politique et de s'y investir au nom de sa foi. Autrement dit, comment le sujet chrétien peut-il conjuger sa citoyenneté politique et sa citoyenneté ecclésiale ? Des interrogations ainsi formulées ressortent plusieurs enjeux théologiques et sociaux. Sur le plan théologique, Metz élabore une ecclésiologie dans laquelle « *Dieu doit être aussi pensé et loué dans la misère ; évidemment, dans le peuple blessé* »[59]. Cette ecclésiologie se propose de rendre les hommes capables, à travers leurs capacités propres

---

[58] J. B. Metz, *La foi dans l'histoire et dans la société*, p. 109.
[59] *Ibid*, p. 166.

d'endurer la souffrance, de prendre part à celles des autres et de rester proches de la passion du Christ. L'enjeu social de la foi est exprimé par l'engagement des chrétiens : « *Les chrétiens doivent collaborer, d'une façon créatrice et critique, à l'action politique et sociale pour la paix* »[60], les droits de l'homme et le développement intégral de l'homme.

Nous présenterons l'ecclésiologie politique de Metz en trois étapes. La première étape sera consacrée à l'analyse du concept d'« Église du peuple ». Dans la deuxième étape, nous exposerons l'ecclésiologie politique de Metz. Dans la troisième étape, nous tenterons de mettre en lumière les richesses de l'ecclésiologie politique de Metz.

2.1. Analyse du concept d'« Église du peuple »

L'ecclésiologie de Metz peut se comprendre à travers l'analyse du concept « Église du peuple ». Une meilleure compréhension de ce concept passe nécessairement par un retour réflexif au contexte ecclésial et théologique de son élaboration.

---

[60] J. B. Metz, *Pour une théologie du monde*, p. 159.

2.1.1. Précision sémantique des notions de « peuple », « peuple de Dieu », « Église du peuple »

Selon Metz, tout le monde ne parle-t-il pas (à nouveau) du peuple ? Même la théologie, même l'Église ? Alors, que faut-il entendre par cette expression ?[61] Dans le langage chrétien, le concept de « peuple » manifeste le dynamisme d'ensemble de l'Église.

Au plan biblique, deux termes fonctionnent en interaction constante pour désigner le concept de « peuple » : *'am* et *gôy* sont traduits respectivement par « peuple » et « nation ». *« 'am est le plus employé (1826 fois) avec les caractéristiques suivantes : le plus souvent au singulier, souvent suivi d'un possessif ou d'un complément de nom : « mon peuple » ou « peuple de YHWH » (Os 1, 8 ; Ez 36, 20). Il peut entrer aussi dans des noms propres (Ex 6, 23 ; Nb 13, 12) »*[62]. Par extension, le mot « peuple » renvoie à une communauté humaine précise fondée sur des relations d'alliances familiales (Gn 23, 12) ou politiques (Jr 1, 18 ; 2 R 11, 14).

Au sens biblique, le peuple ne procède pas d'abord de la réunion de sujets ou de citoyens autour de l'autorité d'un roi ou d'une loi. Le peuple est constitué à partir de l'alliance, précisément à partir de l'appartenance reconnue à un Dieu qui devient le Dieu d'un peuple en devenir. Le peuple d'Israël est l'objet d'un choix particulier appelé communément « élection », qui lui confère un statut de

---

[61] J. B. Metz, *La foi dans l'histoire et dans la société*, p.158.
[62] Jean-Yves Lacoste, *Dictionnaire critique de théologie*, Paris, Quadrige/ Puf, 2007, p. 1082.

peuple consacré, « royaume de prêtres et nation sainte » (Ex 19, 6).

Le mot « peuple » est une catégorie que Vatican II a intégrée à la conscience ecclésiale et à la réflexion théologique. Jean Baptiste Metz reconnaît qu'il « *demeure une catégorie théologique centrale, avec un fondement biblique* »[63]. C'est ainsi qu'il a développé l'idée du « peuple » comme sujet actif de l'histoire, alors qu'au départ, il se focalisait sur la personne comme sujet. Mais progressivement, dans l'élaboration de sa théologie fondamentale pratique, Metz accorde une place de choix au sujet collectif qu'est le « peuple », l'inscrivant justement au cœur de son ecclésiologie. Le peuple dont il parle est bien sûr « *un peuple nouveau* », « *un peuple au-delà des communautés naturelles de destin* »[64], « *un peuple* [qui] *est sorti de ses modèles naturels d'identification collective : nation, classe, race ; où le peuple est devenu historiquement un "peuple" nouveau, avec une nouvelle identité devant Dieu* »[65]. Ce peuple est composé en grande partie par des petits et des sans-voix devenus sujets actifs de leur histoire devant Dieu.

Dans l'entendement de Marie-Dominique Chenu, « *"Peuple de Dieu" : c'est la définition à la fois biblique, théologique et sociologique de l'Église. Sur cette expression s'est jouée, si l'on peut dire, la décision de la Constitution "Lumen Gentium", sur l'architecture divine et humaine de l'Église* »[66]. Le concept « peuple de Dieu » suppose la reconnaissance d'une identité commune.

---
[63] J. B. Metz, *La foi dans l'histoire et dans la société*, p. 158.
[64] *Ibid*, p. 167.
[65] *Ibid*, p. 174.
[66] Marie-Dominique Chenu, *Peuple de Dieu dans le monde*, Paris, Cerf, 1966, p. 5.

L'ecclésiologie de la première Épître de Pierre présente l'Église comme « peuple de Dieu ». L'enracinement vétérotestamentaire de cette conception de l'Église se justifie par le souci de valoriser l'appartenance à l'Église, le nouveau peuple de Dieu. Ce peuple préfiguré dans l'Ancien Testament se réalise avec la Nouvelle Alliance inaugurée par le Christ, pour devenir et donner plus tard le nom d'« Église », sacrement universel de salut destiné à accueillir tous les peuples de la terre.

Dans l'Église, « nouveau peuple de Dieu », tout homme est appelé. Cependant, dans le nouveau peuple de Dieu, il y a le peuple de Dieu par alliance : le peuple d'Israël ; le peuple de Dieu par le Baptême : Tous les baptisés, alliance de Jésus-Christ. La vie et la mission du peuple de Dieu s'inscrivent dans le « déjà-là » et le « pas encore ».

Dans le contexte de la théologie chrétienne, l'on ne peut parler d'une ecclésiologie vétérotestamentaire qu'en un sens indirect. L'Église, telle que la conçoit le christianisme, apparaît seulement à l'époque néotestamentaire. Le concept d'« *ekklésia* » est le terme principal par lequel l'Église est désignée dans le Nouveau Testament, et qui était déjà la traduction de l'hébreu « kahal » (assemblée de la communauté politique et cultuelle) dans la Bible des Septante. « *Ce lien se manifeste également dans certaines images désignant la chrétienté comme « communauté sacerdotale du roi » (1 P 2, 5. 9), « temple » (1 Co 3, 16), « peuple de Dieu » (He 4, 9) »*[67]. Selon les Actes des apôtres (2, 42) qui dégagent le modèle idéal de la communauté primitive, l'Église est perçue comme assemblée cultuelle, lieu d'enseignement des apôtres, de la fraction du pain et de la prière.

---

[67] J. Y. Lacoste, *Dictionnaire critique de théologie, op. cit*, p. 451.

Chez saint Paul, l'Église est le *corps mystique du Christ*. Le trait fondamental de l'approche paulienne est son ancrage christologique, du fait que le Médiateur entre Dieu et les hommes, Jésus-Christ, est la tête de l'Église, et les hommes sont ses membres. Comme corps mystique du Christ, l'Église est une et indivisible (Ep 1, 22 ; 5, 23 ; Col 1, 18). Thomas d'Aquin note, à la suite de saint Paul, spécialement dans les Épîtres aux Éphésiens et aux Colossiens, que « *toute l'Église est un seul Corps mystique, à la ressemblance du corps naturel de l'homme, ayant comme lui divers membres chargés de fonctions diverses* »[68]. La richesse de la théologie paulinienne du Corps mystique, reprise et développée par saint Augustin dans celle du Christ total, trouve un prolongement et une confirmation chez saint Thomas d'Aquin.

Metz définit « *l'Église, à la lumière de la théologie politique, comme "institution de libre critique à l'égard de la société "* »[69]. Elle doit reconnaître le devoir et la nécessité de rendre moins ambiguë et plus efficace l'image qu'elle offre comme institution, en excluant de son sein certains comportements, comme le racisme, le nationalisme et toutes formes de mépris de l'homme[70]. L'Église en tant qu'institution vit elle-même sous la loi de la « *réserve eschatologique* » ? Elle n'est pas là pour elle-même, elle est au service, non de sa propre affirmation, mais de l'attestation historique du salut pour tous[71]. Toutes ces affirmations montrent que pour Metz, « *l'Église (fondée par le Christ) est le signe historiquement perceptible et efficace, le sacrement de l'adoption*

---

[68] Thomas d'Aquin, *Somme théologique*. I. 11a, Q. 8, a. 1.
[69] J. B. Metz, *Pour une théologie du monde*, p. 153.
[70] *Ibid*, p. 143.
[71] *Ibid*, p. 136.

définitive et eschatologique du monde par Dieu »[72]. Ainsi, l'Église est dans le monde comme une communauté qui lui appartient et qui essaie de vivre des promesses de Dieu annoncées et définitivement confirmées en Jésus[73].

L'Église, comprise comme communauté de ceux qui vivent de la mémoire de Jésus-Christ, aspire à devenir une Église du peuple. Le concept d'« Église du peuple », très cher à la théologie politique de Metz, désigne une Église dans laquelle le peuple est perçu comme sujet actif de l'accomplissement de son histoire. L'« Église du peuple » est une « *Église où le peuple se comprend et se célèbre comme porteur de la nouvelle histoire de Dieu* »[74]. Il s'agit en fait d'une Église qui vient au « peuple » en se mettant à son niveau.

L'Église du peuple est donc une Église où tout le monde se sent pleinement membre, parce que chacun y participe activement. C'est dire qu'il existe une réelle « *conscience d'appartenance propre et responsable à l'Église* »[75]. Ici, le peuple n'est pas instrumentalisé mais appelé à devenir sujet autonome. C'est pour cette raison que la communauté eucharistique doit être comprise comme une communauté de ceux qui sont appelés et qui doivent relever la tête pour être sujets d'une nouvelle histoire.

---

[72] J. B. Metz, *Pour une théologie du monde*, p. 26.
[73] *Ibid*, p. 107.
[74] J. B. Metz, *La foi dans l'histoire et dans la société*, p.163.
[75] *Ibid,* p163.

2.1.2. Le procès de l'« Église pour le peuple » et le constat d'un schisme

La mauvaise compréhension du procès de « l'Église pour le peuple » peut donner naissance à une certaine interprétation selon laquelle Metz remet en cause l'ecclésiologie de Vatican II. Ce serait une erreur grave tant sur le plan doctrinal que sous l'angle herméneutique. Par procès, il faut entendre des critiques apportées par Metz face à l'effectivité ou la mise en œuvre de « l'Église pour le peuple ». Metz nourrit son constat d'interrogations à trajectoire rhétorique : « *L'Église, au Concile, n'a-t-elle pas trop exclusivement parlé d'elle-même ? N'a-t-on pas encore senti l'action d'un certain " narcissisme ecclésiologique " ?* »[76]. Malgré la forte influence que garde toujours l'Église dans le monde, Metz constate qu'elle a de moins en moins un peuple. L'identification du peuple à l'Église est plutôt en diminution, parce que l'Église est en proie aux doutes de son peuple, de ses "simples gens". L'explication fournie par Metz à cette situation réside dans le rapport manifestement trop protectionniste que l'Église entretient avec le peuple, malgré la prolifération des discours sur « l'Église peuple de Dieu » et l'insistance sur le sacerdoce des fidèles, malgré tout ce que l'on dit de l'importance des laïcs dans l'Église.

D'après les analyses de Jean-Louis Souletie au sujet de l'ecclésiologie metzienne, « *le peuple a été oublié dans*

---

[76] J. B. Metz, *Pour une théologie du monde*, p. 97.

*l'Église comme sujet jusqu'à présent »*⁷⁷. Et comme « *l'Église n'est pas un club »*⁷⁸, elle doit sortir de soi et de son *« narcissisme ecclésiologique »*⁷⁹ pour exprimer publiquement sa foi, de manière critique, et travailler pour le devenir sujet de tout homme. S'investir dans le politique pour rétablir le droit des pauvres, consacrer sa mission à l'œuvre politique de la paix, c'est indiquer le sens théologique et pastoral de l'Église.

Pour préciser sa conception du schisme, Metz souligne que « *le mot schisme est employé ici dans son sens sociologique et descriptif et non pas du point de vue dogmatique et juridique »*⁸⁰. Le schisme dont il s'agit ici est l'expression du *« fossé entre le peuple et l'Église »*⁸¹. Et cela s'explique par le fait que la vie et les souffrances du peuple ont été trop peu entendues ou rendues trop inaudibles si bien que l'Église voudrait être « Église pour le peuple » mais trop peu « Église du peuple ».

Au fond, cet écart entre le peuple et l'Église se fait sentir au niveau pastoral. Dans la théologie pastorale surtout, l'on parle certes « *de l'"Église pour le peuple", mais l'on n'évoque guère l'Église comme "peuple" ou a fortiori une "Église du peuple". Et pourtant, toute la question est de savoir si l' "Église pour le peuple" peut devenir une "Église du peuple" »*⁸².

---

[77] Jean-Louis Souletie, *La crise, une chance pour la foi*, Paris, Les Éditions de l'Atelier, 2002, p. 79.
[78] J. B. Metz, *Pour une théologie du monde*, p. 132.
[79] *Ibid*, p. 95.
[80] J. B. Metz, *La foi dans l'histoire et dans la société*, p. 159.
[81] *Idem*.
[82] *Ibid*, p. 160.

2.1.3. Les critiques de Metz à l'ecclésiologie de Vatican II

L'ecclésiologie de Metz met en exergue la méthode "*participative*" fondée sur l'"*avec*", en tant que celle-ci diminue les écarts au sein du même peuple et garantit mieux la conscience de la responsabilité. Elle combat la méthode bourgeoise fondée sur le "*pour*", parce qu'elle accentue les écarts et maintient certains dans un lien de dépendance et de soumission par rapport à d'autres. Selon la perspective ecclésiologique de Metz, l'Église ne peut se comprendre elle-même sans le peuple. Dans une phrase en forme d'aphorisme, il précise : « *Qui ne connaît que l'Église, ne connaît pas l'Église* »[83]. Dès lors, nous pouvons poser la question : « *Qui donc est le sujet du travail théologique ? Le savant ? Le professeur ? Le mystique qui met en jeu sa propre existence ? Le chrétien individuel qui articule l'histoire de sa vie devant Dieu ? Que personne ne prétende que cette question soit résolue clairement et de longue date* »[84]. Cette profondeur du propos metzien jouit d'un éclat actuel inouï.

Mais valoriser le peuple en lui accordant une place de choix dans l'approche ecclésiologique revient à en faire un lieu théologique. Et cela, à deux niveaux. Le théologien doit s'intéresser au peuple dans l'élaboration de sa théologie d'une part, et d'autre part, il doit aider le peuple à écrire lui-même sa propre biographie collective, à partir des expériences historiques inhérentes à sa pérégrination.

---

[83] Pierre-Yves Materne, *Condition de disciple. Éthique et politique chez J. B. Metz et S. Hauerwas*, Paris, Cerf, 2013, p. 260.
[84] J. B. Metz, *Un temps pour les ordres religieux ? Problèmes de vie religieuse*, pp. 35-36.

Si Metz décrie le fait que « *notre Église risque de s'enfermer dans une foi bien timide ou au contraire élitiste* »[85] et considère la plupart des théologiens de l'ancienne époque comme des théologiens théoriciens, c'est parce que la crédibilité et la pertinence du discours théologique ne dépendaient en rien de leur rapport au vécu concret du peuple. La reconnaissance du peuple comme lieu théologique de l'érection expressive et expérientielle du peuple à l'échelle de matière première est une déclinaison de la critique de Metz sus-formulée. Sans cette prise en compte, l'herméneutique théologique perdrait sa consistance et sa crédibilité. Quotidiennement, « *l'Église se voit confrontée au soupçon que le christianisme ne répond plus qu'avec des mots et des formes de vie dépassées aux questions et aux angoisses, aux conflits et aux espérances de notre monde* »[86]. Et il est temps de sortir de la sacristie pour rejoindre la société.

La pertinence de l'ecclésiologie metzienne se dévoile dans « *la responsabilité de faire de plus en plus non pas une "Église pour le peuple", c'est-à-dire de s'efforcer que le "peuple" [...] apprenne de plus en plus à se considérer comme sujet dans cette Église, sujet de son histoire devant Dieu* »[87]. L'ecclésiologie metzienne invite à se libérer de la conception d'une abstraite Église et sans portée pratique. Metz ouvre ainsi un chemin pour une ecclésiologie plus sensible aux questions d'actualité posées par bon nombre de nos contemporains : celle de la paix, de la non-violence et surtout des droits de l'homme, tout en sachant que Dieu a toujours la dernière parole.

---

[85] J. B. Metz, *Un temps pour les ordres religieux ? Problèmes de vie religieuse*, p. 24.
[86] *Ibid*, p. 25.
[87] *Ibid*, p. 47.

2.1.4. L'ecclésiologie politique dans l'horizon de la « réserve eschatologique »

L'Église est la communauté eschatologique en ce qu'elle vit de l'expérience de l'entrée de l'*eschaton* dans le monde et qu'elle annonce, par son témoignage, que cet *eschaton* se réalise dans l'histoire du peuple. Chez Metz, la tâche de l'Église n'est pas seulement de survivre, mais surtout d'être fidèle à sa mission eschatologique. L'Église du peuple est celle dans laquelle le peuple est en voyage. Dans cette marche, le peuple vit en accord avec la conviction que Dieu est le Seigneur de l'histoire.

L'une des missions principales de l'Église, c'est de transmettre publiquement un souvenir dangereux de liberté dans les systèmes de notre société émancipatrice. Du souvenir de cette « réserve eschatologique », l'Église peut et doit tirer sa force critique face à tous les systèmes totalitaires de domination et à toutes les idéologies d'une émancipation linéaire et unidimensionnelle. Car là où *« l'histoire de la liberté s'accomplit sans la mémoire de cette réserve eschatologique, elle semble succomber sans cesse et nécessairement, dans l'histoire et la liberté en général, à un sujet intra-mondain qui pousse virtuellement à établir la domination totalitaire de l'homme sur l'homme »*[88]. Au fond, le principe de la « réserve eschatologique » devrait amener l'Église à critiquer toute tentative propre à voir dans l'homme une fonction simplement relative à la conception et à la réalisation d'un

---

[88] J. B. Metz, *La foi dans l'histoire et dans la société*, pp. 110-111.

processus technologique social. En réalité, une Église qui exerce pleinement son rôle d'éveil de la conscience critique dans la société et se soumet au principe de la « réserve eschatologique » ne peut qu'inscrire la défense de la liberté des faibles comme tâche fondamentale de sa mission.

Metz insiste sur l'idée qu'aucune configuration politique ne peut réaliser le Royaume sur la terre, à cause du principe de la « réserve eschatologique ». Metz reprend une thèse de son maître Karl Rahner pour souligner le caractère précaire de l'Église : « *L'Église, sainement comprise, vit donc toujours de la proclamation de son caractère provisoire, de son remplacement progressif par le Royaume de Dieu vers lequel elle est en pèlerinage jusqu'à ce qu'elle l'ait atteint* »[89] au temps voulu par Dieu.

L'attitude des croyants doit consister à exercer une résistance à l'encontre de toute action qui prétendrait gouverner les humains selon une logique de domination excluant les plus faibles. L'attente du Royaume doit conduire les chrétiens à ouvrir les yeux pour être témoins des souffrances de la société. L'ecclésiologie de Jean Baptiste Metz est politique dans le sens où elle se préoccupe du devenir sujet devant Dieu de la personne humaine dans l'histoire et dans la société. Elle n'est pas une pensée du politique comme tel.

---

[89] J. B. Metz, *Pour une théologie du monde*, p. 108.

2.2. L'ecclésiologie politique de Metz

Dans cette section, nous voulons reprendre et analyser le chapitre VIII de *La foi dans l'histoire et dans la société* intitulé : « Église et peuple ». C'est dans ce chapitre que Metz expose son ecclésiologie politique. Notre réflexion tiendra compte du déroulement de la pensée de l'auteur.

2.2.1. *L'Église et la souffrance du peuple ou le prix de l'orthodoxie*

En abordant cette thématique, Metz revient encore sur le schisme entre l'Église officielle et le peuple. Pour lui, la théologie classique parle de la foi « implicite » du peuple et de « sa bonne foi ». Pour lui, « *ce qui ne peut être saisi de manière orthodoxe, on le met au compte de la bonne foi. Une telle attitude consacre le schisme entre l'Église et le peuple et fait peu de cas de l'orthodoxie* »[90]. Il est question du scandale de la division entre le témoignage de l'Église officielle et les classes sociales pauvres au sein de la même Église.

Pour le théologien de Münster : « *La raison pour laquelle le peuple n'apparaît pas comme sujet de l'histoire devant Dieu ne réside pas d'abord dans le manque de savoir, l'absence de formation et d'information théologique* »[91]. C'est la souffrance structurelle du peuple

---

[90] J. B. Metz, *La foi dans l'histoire et dans la société*, p. 163.
[91] *Ibid*, p. 164.

qui lui interdit une identité propre, qui ne lui permet pas de devenir lui-même « peuple nouveau » et qui, dans une certaine mesure, l'excommunie socialement, c'est-à-dire l'exclut de la possibilité de l'orthodoxie[92], sachant « *que dans certaines conditions de vie inhumaines il soit impossible d'être "orthodoxe" plaide pour l'humanité de la foi chrétienne. Mais ce serait l'inhumanité propre du christianisme que d'apprendre seulement à supporter cette inhumanité* »[93]. Autrement dit, « *Il ne s'agit pas seulement de consoler, mais de guérir, de changer les conditions de vie* »[94] réelle et concrète des hommes et des femmes d'une société donnée.

Cette assertion metzienne met en évidence l'importance du respect de la dignité humaine du peuple qui apparaît dans l'ecclésiologie politique de Metz comme un devoir de justice, de liberté et de paix pour le devenir sujet du peuple devant Dieu. Dans une telle approche, l'idéal chrétien de liberté ne doit faire fi de la souffrance. Il s'agit « *de rendre les hommes capables, à travers leurs capacités propres d'endurer la souffrance, de prendre part à celle des autres* »[95] et de rester ainsi proches de la passion du Christ.

Dans l'optique de l'ecclésiologie politique de Metz, l'Église doit partir du fait qu'il existe une souffrance de son peuple. Elle doit combattre cette souffrance et la convertir. « *C'est le prix de l'orthodoxie du peuple, le prix pour que le peuple devienne lui-même, au sens fort, Église, peuple de Dieu, sujet de la nouvelle histoire avec*

---

[92] J. B. Metz, *La foi dans l'histoire et dans la société*, p. 164.
[93] *Idem*.
[94] *Idem*.
[95] *Ibid*, p. 165.

Dieu »[96]. Cette lutte contre la souffrance a pour but d'éviter que la souffrance ne conduise les chrétiens au reniement de soi, à la haine de soi-même, ou encore à chercher des satisfactions illusoires. Selon Metz, « *Dieu doit être aussi pensé et loué dans la misère ; évidemment, dans le peuple blessé. L'effort social qu'on vise ici est [...] le prix de l'orthodoxie du peuple, pour son devenir-Église* »[97]. Pour Metz, derrière la question du prix à payer pour l'orthodoxie, c'est la constitution de l'Église qui est en jeu, l'épanouissement de son orthodoxie. C'est là qu'il faut chercher le sens ecclésial et théologique du discours, dont l'on a abusé, sur l'orthopraxie.

Dans son ecclésiologie politique, Metz se soucie aussi bien de l'orthodoxie que de l'orthopraxie. Pour Metz, le mot « *orthopraxie* » rappelle avant tout le prix à payer pour l'orthodoxie. En effet, la foi appelle une praxis qui relève autrui et lui permet de devenir sujet de son histoire devant Dieu. Le chrétien ne peut pas se cantonner dans le champ des vérités intellectuelles ; encore faut-il qu'il mette (ou traduise) sa foi en pratique. « *L'orthodoxie de sa foi doit constamment être "confirmée" par l'orthopraxie d'une conduite orientée vers la fin des temps, car la vérité qui est objet de la promesse est une vérité qui doit être "faite", comme Jean nous le dit clairement et avec force* »[98]. Le Dieu qui se fait proche en Jésus n'est manifestement pas d'abord intéressé par notre manière de le penser et par ce que nous pensons de lui, mais plutôt par la manière dont nous nous comportons à l'égard des autres. Le point de vue de Metz est enraciné dans une tradition qui prend en charge la souffrance des sans-voix

---

[96] J. B. Metz, *La foi dans l'histoire et dans la société*, p. 165.
[97] *Ibid*, p. 166.
[98] J. B. Metz, *Pour une théologie du monde*, p. 108.

pour y voir les traces de Dieu. Autrement dit, le regard du croyant doit percevoir les souffrances de tout être humain, là où justement le Christ attend que chaque personne fasse preuve d'humanité.

L'Église n'est pas perçue comme un peuple naturel, mais un peuple élu, un peuple nouveau, devenu sujet d'une nouvelle histoire, encore inouïe, de Dieu avec les hommes. Elle se reconnaît elle-même dans cette histoire du salut qu'elle raconte et dont elle voudrait vivre. L'on ne peut être Église-peuple de Dieu, sans être porteur de cette histoire nouvelle. Être Église est une dynamique : c'est être « appelé », c'est un « exode », c'est « relever la tête », c'est « suivre » le Christ, c'est accepter la vie et sa souffrance à la lumière d'une grande promesse et devenir un « peuple nouveau ». Au fond, l'Église du peuple, c'est l'Église où le peuple est plus vivant et devient le sujet de la communauté de l'espérance. Si « *aux yeux du peuple, l'Église n'est pas autre chose que le bâtiment de pierre* », ou « *un magasin qui appartient à l'évêque et aux prêtres, où divers besoins peuvent être satisfaits* », « *l'Église est un supermarché, où les hommes achètent de la marchandise divine. On achète et on paie le prix exigé* »[99]. La souffrance du peuple ne lui permet pas de devenir peuple nouveau tant elle n'est pas prise en compte dans la réflexion théologique.

---

[99] J. B. Metz, *La foi dans l'histoire et dans la société*, p. 163.

2.2.2. Des exemples d'« Églises du peuple » : Dominique de Guzman et François d'Assise

À titre indicatif, Metz nous propose quelques exemples de l'Église du peuple. Avant d'aborder les exemples d'une Église du peuple, Metz rappelle que « *la grande Église a toujours été une Église pour le peuple* »[100]. Il serait injuste de ramener ce constat uniquement à la volonté de puissance de ses ministres où à un envahissement de la vie ecclésiale et de ses structures. Peut-être est-il seulement possible, en tout état de cause, de développer, à l'intérieur de la même Église, des formes diversifiées d'Églises du peuple où, davantage que jusqu'à présent, tous se sauraient appelés et accueillis à leur manière dans le destin de l'Église entière[101].

Dominique de Guzman (1170-1221) et François d'Assise (1182-1226) sont des témoins des mouvements minoritaires qui, à travers leurs charismes, leurs attitudes de compassion envers les personnes qui se trouvent « en marge » de la société, nous montrent comment « *l'Église est venue au peuple* ». Avec leurs charismes, « *Dominique et François* [...] *ont fréquemment agi comme un choc salutaire sur la grande Église, un rappel dangereux que le devenir-sujet du peuple n'était pas absent de l'Église* »[102]. Ces deux grandes figures ont proposé à l'Église un style de vie de compassion pour les pauvres.

---

[100] J. B. Metz, *La foi dans l'histoire et dans la société*, p. 168.
[101] *Idem*.
[102] *Ibid*, p. 161.

Dominique de Guzman a développé sa vocation de prêcheur et a fondé un ordre de prêcheurs, parce qu'il était préoccupé par le salut des hérétiques et des peuples païens. Bien sûr, la compassion pour les pécheurs et les égarés a été décisive dans son œuvre apostolique. Dominique de Guzman était plein de zèle pour le salut des âmes, sa charité et sa compassion ne s'étendaient pas seulement aux fidèles, mais aussi aux infidèles, aux païens. Lors d'une grande famine qui ravage la région où le jeune Dominique étudie, les pauvres, en grand nombre, meurent de faim. « *Dominique ne peut rester indifférent à toute cette misère. Ému par la détresse de ces pauvres gens et brûlant de compassion, il vend les livres qu'il possède, il vend aussi des vêtements [...] fonde une maison d'accueil pour les pauvres. Je ne veux pas, disait-il, étudier sur des peaux mortes, tandis que des êtres humains meurent de faim* »[103]. Dans sa prière, Dominique de Guzman a l'habitude de dire : « *Mon Dieu, que vont devenir les pécheurs ?* »[104] Il exprime, par cela-même, sa compassion pour les pauvres et son engagement pour la réalisation de la volonté de Dieu dans la société par le respect de la dignité de la personne humaine.

François d'Assise a ébranlé la pensée chrétienne de son époque en rendant aux choses et aux êtres leur vraie place dans la création. Le titre de « *"frère universel" qu'on lui donne et que reprit Charles de Foucauld ne se limite pas aux rapports humains. Il enveloppe toute la création. La nature et les animaux ont eu une grande place dans la vie de François. Il a été le premier à ressentir le monde entier*

---

[103] Marc Joulin, *Petite vie de saint Dominique*, Paris, Desclée de Brouwer, 1989, p. 16
[104] *Ibid*, p. 23.

dans une fraternité »[105]universelle qui tienne compte de la souffrance d'autrui.

Metz pense que, « *pour eux* [Dominique de Guzman et François d'Assise], *la Bible n'était pas d'abord un livre pour ouvrage [des] exégètes, mais un livre populaire, une biographie mystique du peuple, où sa souffrance et ses espérances sont contées de manière proprement divine* »[106]. Cette affirmation souligne que la Bible est le récit des expériences de foi d'un peuple qui entre dans l'alliance avec Dieu et fait de cette Alliance une histoire de liberté humaine. La Bible devient un lieu de compréhension de la biographie mystique du peuple. Cette biographie mystique du peuple, à son tour, devient un lieu de lecture et de relecture de la Parole de Dieu. La foi est vécue comme ce qui éclaire la souffrance du peuple et lui donne sens. Ce faisant, la souffrance du peuple devient aussi un espace où doivent se vérifier l'authenticité et l'épaisseur de la foi. Ainsi, la Parole de Dieu n'est plus cherchée seulement dans la Bible mais également dans le champ plus vaste de la vie du peuple.

Comme nous pouvons le constater, Metz met les pauvres au cœur de son concept d'« Église du peuple ». S'inspirant de saint Dominique et de saint François, il écrit : « *Dans la grande Église, ils* [Dominique et François] *mettent en avant la pauvreté de Jésus et l'Église pauvre. Ils soulignent que les pauvres et les petits étaient les privilégiés de Jésus, et ils veulent en faire aussi les*

---

[105] Mauricette Vial-Andru, *L'alouette du Seigneur. Saint François d'Assise,* Paris, Collection « Les sentinelles », 2000, p. 10.
[106] J. B. Metz, *La foi dans l'histoire et dans la société*, p. 169.

privilégiés de son Église »[107]. Les pauvres sont les destinataires privilégiés de l'Évangile.

Comment ne pas être frappé par la convergence de vues sur ce point entre Metz et le Pape François lorsque ce dernier affirme : « *Les pauvres ont une place de choix dans le cœur de Dieu, au point que lui-même " s'est fait pauvre" (2 Co 8, 9). Tout le chemin de notre rédemption est marqué par les pauvres* »[108]. Le Pape poursuit : « *Je désire une Église pauvre pour les pauvres. Ils ont beaucoup à nous enseigner. En plus de participer au "sansus fidei", par leurs propres souffrances, ils connaissent le Christ souffrant. Il est nécessaire que tous nous nous laissions évangéliser par eux* »[109]. En fin de compte, il faut prêter l'oreille et redevenir sensible à la souffrance des pauvres et à leur message qui constituent un souvenir dangereux ouvert à un avenir de liberté devant Dieu.

2.2.3. La pertinence ecclésiologique de l'articulation « théologie et peuple »

« Théologie et peuple » est un des sous-titres du chapitre VIII du livre de Metz qui nous intéresse. Par ce sous-titre, il propose d'articuler « théologie et peuple » dans une approche ecclésiologique qui consiste à porter le peuple dans la théologie et à élaborer la théologie à partir

---

[107] J. B. Metz, *La foi dans l'histoire et dans la société*, p. 169.
[108] Pape François, *Evangelii Gaudium*, n° 197.
[109] *Ibid,* n° 198. Voir aussi les n° 199 à 203, 205, 210, 212, 2015 et 258.

du peuple ; bref, il s'agit d'une théologie d'en-bas. C'est pour Metz une manière d'articuler le message biblique et les apports de la Tradition avec la vie du peuple d'aujourd'hui, en étant ouvert aux signes des temps. Avec une telle perspective, « *la théologie serait la langue du peuple qui a trouvé dans l'Église la conscience de sa propre histoire et qui a atteint comme Église une nouvelle identité collective* »[110]. C'est de cette manière que la théologie peut être théologie de l'Église, une théologie d'édification du peuple de Dieu, « *une théologie d'édification du peuple* », « *à partir du peuple* »[111].

Le souci de Metz consiste à « *faire de la théologie "avec" le peuple et le faire "accoucher" d'une langue propre* »[112]. Il s'agit d'une double démarche théologique exprimée dans un double mouvement : le mouvement d'"*avec le peuple*", et celui d'"accouchement d'une langue propre" au peuple.

Faire de la théologie avec le peuple signifie la volonté et la responsabilité d'élaborer la théologie à partir de la réalité existentielle du peuple. « *Faire de la théologie avec le peuple* » apparaît comme une condition préalable pour toute construction théologique. Le théologien digne de ce nom doit être en lien organique avec le peuple, et c'est à partir de l'histoire de ce peuple qu'il doit rendre compte de sa pensée et de sa foi. Ainsi, « *faire de la théologie "avec" le peuple* » permet à la théologie de formuler ses hypothèses de recherche à partir de la vie du peuple. Le peuple devient en quelque sorte le support

---

[110] J. B. Metz, *La foi dans l'histoire et dans la société*, p. 170.
[111] *Ibid*, p. 171.
[112] *Ibid*, p. 174.

épistémologique d'une ecclésiologie participative fondée sur « avec-le peuple ».

Pour Metz, il faut «*faire de la théologie "avec" le peuple et le faire "accoucher" dans une langue propre*». Ceci signifie que la théologie doit aider le peuple à écrire *« sa propre biographie collective, comme naguère Israël, comme autrefois les jeunes communautés chrétiennes dans des passages importants du Nouveau Testament »*[113]. Metz est convaincu que le bon théologien doit *« écouter la parole des petits […] Ce n'est pas seulement le peuple qui a besoin de la théologie, c'est davantage encore la théologie qui a besoin de l'expression du peuple »*[114]. En ce sens, la prise de parole du peuple dans l'Église est capitale, parce que c'est de cette manière que l'Église peut «*faire de la théologie avec le peuple et le faire "accoucher" d'une langue propre* »[115]. C'est une ecclésiologie élaborée avec le peuple et à partir de la méthode participative.

Par cette approche, Metz propose de sortir d'une ecclésiologie paternaliste au profit d'une ecclésiologie du peuple. Mais au fond, le souci de Metz est d'être le défenseur des sans-voix, de ceux qui ne peuvent pas se défendre eux-mêmes. C'est aussi, pour lui, la meilleure manière d'inviter la théologie, notamment l'ecclésiologie, à se montrer beaucoup plus solidaire d'eux : « *C'est de ceux-là que Metz se sent le plus proche. Il est profondément convaincu que ce n'est pas dans la théologie savante, mais dans le langage parfois muet de ceux qui sont acculés et souffrent, que se passent les*

---

[113] J. B. Metz, *La foi dans l'histoire et dans la société*, p. 170.
[114] *Ibid*, p. 171.
[115] *Ibid*, p. 174.

choses décisives sur le plan théologique »[116]. Metz propose ici une ecclésiologie qui ne se contenterait pas seulement de proposer des réponses, mais qui aiderait à ce que les questions non posées puissent s'articuler. C'est cela prendre au sérieux le peuple.

2.2.4. Vision d'une Église mondiale comme « Église du peuple »

« Vision d'une Église mondiale comme Église du peuple » est le cinquième sous-titre du chapitre VIII de *La foi dans l'histoire et dans la société*. Dans cette section, Metz propose un modèle d'Église mondiale où le peuple est sorti des modèles naturels d'identification collective tels que nation, classe et race, pour devenir historiquement un peuple nouveau, avec une nouvelle identité devant Dieu, d'où la formule « l'Église est pour tous », une Église *« des petits et des sans-voix, parce qu'en elle tous sont devenus sujets »*[117]. La préoccupation majeure de Metz est *« que le peuple devienne et soit Église, pas seulement consommateur de religion, pas seulement objet de sollicitude, mais sujet de l'Église et de l'histoire nouvelle de l'humanité avec Dieu qu'elle inaugure, bref qu'il devienne peuple de Dieu »*[118], conscient de son passé et capable d'écrire une nouvelle histoire de vie rythmée de bonheur et de joie.

---

[116] J. B. Metz, E. Wiesel, *op. cit*, pp. 14-15.
[117] J. B. Metz, *La foi dans l'histoire et dans la société*, p. 174.
[118] *Ibid*, p. 164.

La vision d'une Église mondiale comme Église du peuple prend en compte le fait que l'Église est non seulement présente partout dans le monde aujourd'hui, qu'elle est donc devenue réellement une Église mondiale, mais aussi se trouve partout et, de plus en plus, en situation de diaspora : « *J'ai souvent eu l'occasion de dire que, sous l'impulsion du dernier concile, l'Église était en voie de devenir une Église mondiale et culturellement polycentrique* ». Metz précise que « *cette Église mondiale, en sa multiplicité culturelle, contient naturellement une offre d'apprentissage à l'intention des diverses Églises régionales* »[119]. Il ajoute que « *d'une certaine manière, elle contient également une sorte d'interaction de transfert. Car si l'on veut prendre au sérieux la particularité historique et sociale des Églises locales et respecter leur dignité culturelle, il faut se résoudre à développer une nouvelle culture au sein de l'Église mondiale* ». Au fond, il s'agit d'une nouvelle culture herméneutique, une culture de sensibilité et de respect envers les spécificités des diverses Églises particulières. Metz affirme : « *J'ignore si le nouveau catéchisme mondial (celui de 1992) est particulièrement utile en la matière. J'ai des doutes* ». Et conclut que « *mes réserves vont plutôt au fait qu'il donne l'impression de vouloir canaliser aussi vite que possible la transition, sans doute anxiogène, d'une Église culturellement bien trop monocentrique et eurocentrique vers une Église mondiale, culturellement polycentrique, et de vouloir discipliner le langage qui naît dans les nouveaux espaces d'expérience de la foi* »[120].

---

[119] J. B. Metz, E. Wiesel, *op. cit*, p. 24.
[120] *Ibid*, pp. 24-25.

Dans cette affirmation, Metz met en évidence la diversité interne de l'Église qui est enfin reconnue depuis le Concile Vatican II. Dans les années 1980, le théologien allemand a commencé à parler d'une Église mondiale, culturellement polycentrique. Pour lui, après avoir longtemps été liée à la culture occidentale, l'Église est devenue consciente de la pluralité culturelle qui règne en son sein. La théologie aussi a pris conscience de son enracinement culturel. Le polycentrisme dont parle Metz reconnaît la valeur des autres cultures et rend possibles une inspiration et une assimilation réciproques des cultures.

Dans la vision d'une Église mondiale, perçue comme Église du peuple, Metz plaide pour la valorisation culturelle des Églises régionales qui, à son avis, ont des histoires particulières que la foi chrétienne doit assumer. Cette prise en compte culturelle et sociale exige une démarche herméneutique sensible à la diversité des Églises particulières. Une telle vision permet d'articuler la foi de l'Église avec « *les problèmes et la souffrance dans le monde* [qui] *ont pris depuis longtemps une extension planétaire* »[121]. Cette vision permet également d'éviter « *la mort du particulier dans les violences et les structures d'un monde construit sur une rationalité insensible* »[122], en insistant sur le respect de la dignité du sujet.

Metz insiste sur une Église qui lutte non pas pour soi-même, mais pour tous, et surtout pour ceux qui n'ont plus de dignité. L'Église mondiale, comme Église du peuple, apparaît alors comme une Église dans laquelle les sans-noms ont un nom, les sans-voix ont une voix qui porte.

---

[121] J. B. Metz, *La foi dans l'histoire et dans la société*, p. 175.
[122] *Idem*.

Mais « *rappelons-le : il s'agit d'une vision. Seulement d'une vision* »[123] de Jean Baptiste Metz en tant que théologien qui cherche à apporter des réponses aux problèmes de la société.

2.2.5. « *Église du peuple* » *comme communauté centrée sur la mémoire, le récit et la solidarité*

La mémoire est une notion capitale pour le christianisme. En effet, le christianisme est une mémoire, et l'Église du peuple, une communauté de mémoire, de récit et de solidarité. Metz n'utilise pas le concept de communauté de façon systématique pour rendre compte de la pratique de la foi dans l'Église. Cela ne veut pas dire que la dimension communautaire est absente de son ecclésiologie. Au contraire, le fait que le christianisme soit une communauté de personnes joue un rôle essentiel dans l'ecclésiologie de Metz. La lecture de ses ouvrages, notamment *La foi dans l'histoire et dans la société*, révèle qu'il utilise ce concept de communauté pour désigner le potentiel narratif et anamnétique de la foi chrétienne.

Si Metz a d'abord défini l'Église comme institution ayant comme finalité la critique sociale, il a par la suite mis l'accent sur la capacité d'anamnèse de cette institution en rattachant l'idée d'Église à celle de communauté de mémoire. Il s'agit de la communauté constituée de celles et ceux qui suivent Jésus et qui se rassemblent à la table

---

[123] J. B. Metz, *La foi dans l'histoire et dans la société*, p. 175.

eucharistique. L'Église du peuple porte une mémoire qu'elle a mission de rendre visible et audible.

Pour le théologien allemand, « *le christianisme n'est pas d'abord une communauté de l'argumentation et de l'interprétation, mais une communauté de récit* »[124]. Le christianisme ou l'Église mondiale devenu(e) Église du peuple est donc compris(e) comme une réalité communautaire qui s'exprime originellement dans un récit. Cette communauté s'appuie sur la raison critique et herméneutique pour éclairer le récit qu'elle annonce. Metz le dit encore en d'autres termes : « *communauté de ceux qui croient au Christ, le christianisme n'est pas d'abord une communauté d'interprétation et d'argumentation, mais une communauté du souvenir et du récit, avec une perspective pratique: souvenir qui rappelle et appelle la Passion, la Mort et la Résurrection*»[125]. Au fond, le christianisme est une communauté de croyants qui ont une mémoire et une narrativité débouchant sur une action.

En effet, le « faire *mémoire*» et le « raconter » doivent conduire les croyants à devenir acteurs de la Parole de Dieu. Metz présente les dimensions constitutives de la foi comme étant par essence communautaire. Il insiste aussi sur la communauté perçue comme lieu de la solidarité entre les croyants: « *Et ce qu'on appelle Église ici, c'est avant tout nous, nous chrétiens, qui voulons vivre la mémoire de Jésus Christ et à qui paraît illusoire une tradition de cette mémoire qui serait pleinement libre vis-à-vis de l'institution et de l'Église, et qui ferait de*

---

[124] J. B. Metz, *La foi dans l'histoire et dans la société*, p. 236.
[125] *Ibid*, pp. 239-240.

l'individu privé le porteur exclusif du souvenir »[126]. Tenant compte des écarts entre riches et pauvres dans l'Église, Metz invite l'Église à dépasser les différences sociales pour vivre « *comme communauté unie autour de la table du Seigneur, comme signe visible de l'unité eschatologique* »[127] dans le temps présent.

L'Église doit être comprise comme une « *unique communauté eucharistique, communauté de ceux qui sont "appelés", qui doivent "relever la tête" pour être sujets d'une nouvelle histoire* »[128]. En fin de compte, l'Église doit devenir une Église du peuple, c'est-à-dire « *une communauté religieuse où tous seront devenus sujets* »[129] et non des objets.

2.3. Pertinence et limites de l'ecclésiologie politique de Metz

Dans cette partie de notre analyse, nous tenterons de cerner quelques éléments de l'ecclésiologie politique de Metz en vue d'en évaluer la pertinence et d'en relever les limites.

---

[126] J. B. Metz, *La foi dans l'histoire et dans la société*, p. 113.
[127] *Ibid*, p. 263.
[128] *Ibid*, pp. 94-95.
[129] *Ibid*, p. 175.

2.3.1. Pertinence de l'« Église du peuple » comme communauté d'une mémoire dangereuse de liberté

L'Église se définit dans la théologie politique de Metz comme une communauté qui témoigne et transmet publiquement un souvenir dangereux de liberté. Ce souvenir s'interprète théologiquement comme « *memoria passionis, mortis et resurrectionis Jesu Christi* »[130]. En faisant mémoire de la vie du Christ, la communauté des chrétiens annonce le salut offert à tous. Cette mémoire subversive peut prendre une forme concrète grâce à l'Église du peuple dans laquelle la vie ecclésiale peut faire de la *memoria* une mémoire publique, visible et audible.

Un des apports de l'ecclésiologie politique de Metz est que l'Église est perçue comme communauté d'une mémoire dangereuse de liberté. Elle a l'obligation de lutter contre les pratiques sociales et politiques qui vont à l'encontre de la dignité humaine. Selon le théologien dominicain Pierre Yves Materne : « *Metz semble donner à la communauté de mémoire une dimension eucharistique dans la mesure où le lieu majeur de la mémoire du Christ est le sacrement de l'eucharistie* ». Il souligne à ce sujet que « *si la mémoire commence dans l'eucharistie, elle doit dépasser le cadre cultuel pour inspirer une rationalité sensible aux victimes* »[131]. Au fond, Metz parle de l'Église comme d'une communauté de mémoire sensible à la souffrance des autres.

---

[130] J. B. Metz, *La foi dans l'histoire et dans la société*, p. 109.
[131] P. Y. Materne, *op. cit*, p. 249.

L'Église du peuple apparaît ici comme une réalité fondamentalement communautaire, si bien que l'individualisme s'avère incompatible avec l'identité chrétienne. L'Église est Église quand elle vit comme communauté de mémoire dangereuse de liberté. Cette communauté doit lutter contre les visions de la vie basées sur la volonté de puissance ainsi que sur l'indifférence qui ne reconnaît pas la trace de Dieu dans le visage de ceux qui souffrent. L'Église du peuple, en tant que communauté d'une mémoire dangereuse, est une communauté qui refuse de créer le dualisme entre ses membres. C'est une communauté qui vit dans la solidarité *avec-autrui* à travers la mémoire. Cette solidarité prend à la fois en compte ceux que Dieu a rappelés, avec leurs souffrances, ceux qui sont en train de souffrir injustement et ceux des générations futures.

2.3.2. Pertinence de l'« Église du peuple » comme Église de la compassion débarrassée de la mentalité de secte

Pendant les dernières décennies du XXème siècle, Jean Baptiste Metz a articulé sa vision ecclésiologique avec la compassion. L'Église, comme peuple de Dieu dans le monde, doit rendre compte de la foi à travers sa compassion envers les souffrances d'autrui. La compassion de l'Église est l'expression de la compassion de Dieu manifestée en son Fils Jésus-Christ. Ainsi, l'Église peut agir avec les différentes cultures et défendre la valeur d'autrui pour son devenir sujet devant Dieu. Pierre-Yves Materne rend cette idée plus explicite lorsqu'il affirme : « *Metz pense que la façon de suivre*

Jésus dans le monde actuel prend la forme d'une compassion pour autrui, car c'est le cœur du message christique. La compassion est une provocation qui vient directement d'Évangile »[132]. Jésus, Lui-même, était essentiellement préoccupé par la souffrance des autres et voulait leur apporter la libération. L'analyse de Pierre-Yves Materne relate que « *pour Metz, cela doit être l'affaire de tous les chrétiens ! L'Église doit en faire le but de sa propre réforme. Metz réclame une réforme ecclésiale dans le but de contrer la tendance à l'autoprivatisation qui frappe l'Église dans la société postmoderne ».* Et c'est pour cela qu'« *il se situe dans la continuité de son projet de théologie politique visant à déprivatiser la foi »*[133] et promouvoir le devenir sujet de tous.

Cette thèse met l'accent sur la capacité des chrétiens à se laisser saisir par la souffrance d'autrui. C'est aussi ce qui doit caractériser la mission de l'Église dans le monde, dans la mesure où le monde a besoin de cette provocation quand l'homme moderne est tenté de se replier sur un bonheur personnel. Cette affirmation nous montre aussi que le chrétien est celui qui vit d'abord pour les autres et non pour lui-même. Il ne doit pas vivre d'une manière égocentrique. Et c'est toute l'Église qui doit dépasser la tentation de la privatisation afin d'opter pour un être-avec le monde, pour compatir aux souffrances des hommes dans l'histoire et dans la société. Cela permet à l'Église de sortir de la privatisation et de devenir une Église de compassion.

---

[132] P. Y. Materne, *op. cit*, p. 259.
[133] P. Y. Materne, p.159.

Les propos du théologien allemand au sujet de la privatisation renvoient à une double tendance qui, pour lui, exprime la manière dont l'Église peut se privatiser elle-même. La première tendance est celle d'une Église fondamentaliste perçue comme un petit troupeau. L'Église se présente comme une affaire des élites religieuses contre la société. Cette ecclésiologie, qui se replie sur elle-même, perd de vue la portée publique de la foi chrétienne.

Le fondamentaliste sous-entend que Dieu est en quelque sorte la propriété privée de l'Église. Or, du point de vue de l'histoire du salut, le Dieu de Jésus, qui est le Dieu d'Abraham, d'Isaac et de Jacob, n'est pas le bien exclusif de l'Église, puisque la notion de Dieu, qui est une notion pratique ne peut en aucun cas être enfermée dans le langage codé d'une telle Église. Dieu est aussi le Dieu des autres.

La deuxième tendance à la privatisation est celle d'une Église de bourgeois, c'est-à-dire une Église destinée à fournir les prestations qui répondent aux besoins du peuple considéré comme consommateur des choses sacrées. Cette tendance nous présente une Église de confort avec un style de vie privatisé et un état d'esprit de confort, une Église qui agit selon les besoins du peuple. Une telle Église de nobles finit par ne représenter autre chose qu'un monde particulier qui n'est pas sensible à la souffrance du peuple. Il y a aussi le risque de la perte du sens de la fraternité et du don.

En résumé, l'« Église du peuple », comprise comme Église de la compassion dans l'optique metzienne, s'appuie sur la mémoire et est sensible à la souffrance d'autrui. L'Évangile nous rappelle que l'Église n'est pas séparée du monde.

En insistant sur l'espérance pour tous, le théologien allemand critique les discours et les pratiques qui confinent l'expérience de Dieu dans le cadre intra-ecclésial. Si « *l'Église est là pour la paix* »[134], alors elle doit faire un travail sur elle-même pour être à la fois « *une Église qui doit se réformer sans cesse* »[135] et une communauté fidèle à l'Évangile. Sa mission ne peut pas se limiter à cultiver ses valeurs propres sans servir l'humanité.

C'est ce que Metz précise dans la dernière phrase de *La foi dans l'histoire et dans la société* lorsqu'il affirme que l'Église doit « *mettre en œuvre sa conception d'une solidarité libérée de la haine et de la violence. Mais l'amour, la résistance à la haine et à la violence, ne dispensent pas le christianisme du combat pour l'être-sujet de tous* »[136]. Sans cette disposition, l'Église « *manquerait à sa mission : être la partie d'une espérance - l'espérance envers un Dieu des vivants et des morts, qui appelle tous les hommes à être sujets devant sa face* »[137]. Cette thèse est le résultat des luttes menées par Metz depuis le début des années 1970, où il attirait l'attention des théologiens sur le danger du sectarisme auquel l'Église est toujours exposée.

Le danger du sectarisme dont parle Metz consiste à développer au sein de l'Église une mentalité de secte. Selon lui, l'Église est tentée de se replier sur ses acquis au lieu de s'engager dans le dialogue critique et d'interpréter ses traditions de façon créative. En fait, « *l'Église trouve justement son identité dans la mission qui consiste à*

---

[134] J. B. Metz, *Pour une théologie du monde*, p. 159.
[135] J. B. Metz, E. Wiesel, *op. cit*, p. 74.
[136] J. B. Metz, *La foi dans l'histoire et dans la société*, p. 264.
[137] *Idem*.

s'ouvrir à ce qui lui est étranger. Le rideau qui sépare les juifs des païens est tombé, " le mouvement vers l'étranger est devenu obligatoire" »[138]. Dans cette lutte contre la tentation du sectarisme ecclésial, Metz propose le principe théologique de la détermination par l'autre comme élément de vérification de l'identité et de la vocation de l'Église : L'Église, comme Église du Fils, ne peut se refermer face à « l'étranger », du monde historique étranger, et vouloir persévérer dans cet isolement même. En effet, cette « détermination par l'autre » ne s'ajoute pas à l'Église, a postériori. Elle est un élément de sa constitution, elle appartient à son caractère chrétien spécifique. Ce n'est pas seulement ce qui est « humain », mais aussi ce qui est « chrétien », en un sens plein et déterminé, que l'Église ne peut connaître d'entrée de jeu, sans se confronter avec l'histoire. Là où elle est oublieuse de cette exigence, elle risque de devenir, au sens théologique, une secte[139].

Metz utilise le terme « secte » pour définir une mentalité qui peut se retrouver dans la grande Église. Mais, cette critique s'adresse à l'Église catholique dans la mesure où elle a tendance à s'éloigner de la culture moderne. Cette disposition sectaire se manifeste par l'ignorance volontaire des nouvelles expériences des autres dans l'élaboration de la théologie. C'est pour Metz une manière de dire que la préservation du caractère pur de la théologie contre toute profanation est une attitude incompatible avec le salut d'un amour sans réserve.

Avec l'ecclésiologie politique de Metz, l'Église n'est plus une communauté privée réservée aux élites

---

[138] P. Y. Materne, *op. cit*, p. 262.
[139] J. B. Metz, *La foi dans l'histoire et dans la société*, p. 118.

religieuses. Elle est Église-avec-le peuple, parce qu'elle est au service de l'espérance pour tous, espérance qui est au cœur de l'Évangile.

2.3.3. Pertinence de l'« Église du peuple » et charisme de l'autorité

L'approche anthropologique metzienne est fondamentalement orientée vers autrui. La thématique du sujet est un des éléments centraux de sa théologie politique. Le rapport du sujet à l'autorité est fondé sur l'altérité et la reconnaissance. Cette reconnaissance permet d'éviter une Église qui fonctionne avec la logique de domination et qui génère des souffrances du peuple.

Le souci majeur de Metz consiste à dénoncer avant tout le concept de sujet tel qu'élaboré par la modernité, sujet perçu comme un être autonome isolé des autres et maître de la nature. Cette approche dénonce l'individualisme qui caractérise la vision moderne du sujet, jugée incompatible avec la tradition chrétienne qui envisage la thématique du sujet devant Dieu et en relation avec les autres. Le devenir sujet devant Dieu, chez Metz, passe par une reconnaissance des autres appelés aussi à devenir sujets devant Dieu.

Metz a développé le thème du sujet et la reconnaissance de l'autorité dans l'Église en tenant compte de l'*Aufklärung* qui a entraîné une remise en question des prétentions autoritaires des institutions religieuses. Il a pris acte de cette émancipation de la raison par rapport à l'autorité de la tradition et plaide pour une ouverture aux valeurs démocratiques telles que la sincérité, la liberté de conscience, la liberté d'opinion[140]. L'une des richesses de cette approche est l'appel à dépasser l'*Aufklärung* par une critique constructive, de sorte que le sujet retrouve son enracinement dans une histoire et un projet de société au besoin de justice et de liberté.

Selon Metz, l'autorité ecclésiale ne peut se contenter d'un fonctionnement administratif. « *C'est pourquoi à l'intérieur de la praxis ecclésiale de l'autorité, devrait se développer un aspect exigé à juste titre par l'Aufklärung : l'autorité ayant la compétence* »[141]. Dans *Un temps pour les ordres religieux ?* Metz définit cette compétence en ces termes : « *J'entends par là le visage d'une autorité charismatique, qui n'a pas seulement autorité dans le sens social et qui en porte les insignes, mais une autorité qui est, dans tout son être et son comportement, "autorité portant témoignage", autorité qui rayonne dans la vie de l'Église et de la société* »[142]. Dès lors, l'on peut dire que la compétence religieuse tient à une manière d'être, avant de reposer sur des règles formelles et des concepts. Le témoignage apparaît ici comme concrétisation ou attestation de la compétence religieuse, et met en pratique la loi de Dieu qui invite à la proximité et à la bienveillance à l'égard de toute personne.

Metz pose la suite du Christ comme critère de la compétence religieuse : « *Le suivre radicalement, voilà qui donnera une compétence religieuse* »[143]. Il ne s'agit pas d'obéir dans l'apathie ou l'indifférence, le dos tourné

---

[140] J. B. Metz, *La foi dans l'histoire et dans la société*, p. 45.
[141] *Ibid*, pp. 59-60.
[142] J. B. Metz, *Un temps pour les ordres religieux?*, p. 59.
[143] *Idem*.

aux hommes qui souffrent. Le Dieu de cette obéissance ne conduit pas à la recherche frénétique de notre identité. Il n'épuise pas en nous l'imagination au service de la souffrance ; au contraire, il l'éveille et la nourrit[144]. Au fond, l'autorité de l'Église doit se rapporter à celle de Jésus qui a une vocation libératrice dans la mesure où elle rend compte d'une libération de l'humanité à partir du Christ.

La thématique du sujet et de la reconnaissance de l'autorité dans l'ecclésiologie politique de Metz se justifie par le fait que la théologie elle-même, comme discours sur Dieu, tombe sous le primat du sujet, de la praxis et de l'altérité. Ainsi, l'Église devient le lieu herméneutique où s'articule une culture de la reconnaissance des autres et de la découverte de la trace de Dieu dans l'expérience de l'altérité. Metz invite l'Église à sortir d'une conception fondamentaliste de l'autorité qui ne prend pas en compte les souffrances des autres. Dans une méditation théologique, traduite en italien, en espagnol et en français sous le titre : *L'avent de Dieu*, l'ancien élève et collègue de Karl Rahner soutient que la foi chrétienne tient la proximité de Dieu et la proximité de l'homme pour des aspects parallèles d'un événement unique, où l'humanité du Christ est la révélation et la garantie de la présence immédiate du Père éternel Lui-même. C'est pourquoi l'amour du prochain ne diffère pas de l'amour de Dieu : « *cet amour n'est en somme que la face orientée vers le monde et les hommes de l'amour pour Dieu. Les deux amours, celui que nous vouons au prochain et celui que nous vouons à Dieu sont identiques originairement* »[145] en

---

[144] J. B. Metz, *Un temps pour les ordres religieux?*, p. 56.
[145] J. B. Metz, *L'Avent de Dieu*, Paris, Cerf, 1967, pp. 86-87.

tant qu'amour voulu par Dieu, au double sens vertical et horizontal.

Le théologien de Münster associe l'autorité des souffrants et l'autorité de Dieu Lui-même. En somme, reconnaître autrui qui souffre, c'est entendre un appel de Dieu. Une telle articulation du sujet et de la reconnaissance de l'autorité dans l'ecclésiologie politique de Metz permet à l'Église de contribuer à accorder leur place aux sans-voix. Cela permet aussi de mettre un terme à une Église de la domination et de promouvoir une Église dans laquelle autrui a une place de choix, de même que la reconnaissance du sujet lui permet de construire son identité devant Dieu.

À côté des points positifs de l'ecclésiologie politique de Metz, il nous semble important de mentionner quelques ombres.

2.3.4. L'ambiguïté de l'« Église du peuple » comme limite inhérente à l'ecclésiologie metzienne

L'entreprise ecclésiologique de Metz a fait l'objet de nombreuses critiques. Selon Henri de Lavalette : « *Le rôle donné à l'Église de promouvoir une liberté critico-sociale par l'espérance eschatologique et l'insistance sur la transformation nécessaire du présent au nom de l'avenir pourraient facilement conduire les chrétiens à constituer, comme le dit H. Maier, "une opposition extra-*

parlementaire avec des moyens ecclésiastiques »[146]. Il serait probablement plus juste de souligner que l'ecclésiologie politique de Metz, en refusant toute absolutisation d'un programme politique par le maintien de la distance eschatologique, laisse place à un pluralisme d'engagements politiques des chrétiens.

Le reproche de Spaemann reste pertinent : « *Metz n'attribue-t-il pas à la théologie (et à la foi) un rôle qui revient déjà à une pratique politique éclairée par la science politique ? Ne pas s'enfermer dans une attitude partisane et sectaire, c'est bien déjà un problème politique* »[147]. De plus, il convient de souligner que l'ecclésiologie politique de Metz souffre du langage flou sans cesse utilisé. En se défendant d'être une ecclésiologie politique pratique, quel lien établit-il entre la notion du « politique » au sens large ou social et le concept « politique » selon l'acceptation courante du terme ? Nous pouvons reprocher à Metz d'avoir maintenu ses lecteurs dans une vision politique assez floue. Il est important de signaler ici l'extrême simplisme de ses affirmations par exemple : « *Quand il dit que jamais l'Église dans le passé n'aurait appuyé un mouvement révolutionnaire, qu'elle a toujours été conservatrice de l'ordre établi* ». Ou encore, « *De même il passe sous silence une autre théologie post-critique, lentement élaborée au XIXe siècle, celle qui est à la base des documents de Vatican II et des encycliques sociales récentes, où l'Église, précisément en fonction de sa mission qui est autre, reste profondément indifférente aux variations des régimes politiques, en ne s'intéressant*

---

[146] Henri de Lavalette, « La théologie politique de Jean-Baptiste Metz », in *Recherche de Science Religieuse*, Paris, Aubier, 1970, t. 58, p. 345.
[147] *Ibid*, p. 345.

qu'au pouvoir de fait, - à condition bien entendu que les droits fondamentaux soient respectés »¹⁴⁸ !

En ce qui concerne son ecclésiologie politique elle-même, il faut dire que « *la formule "Église du peuple" fait du peuple le seul référent de l'Église. Elle valorise de façon presque excessive la dimension anthropologique de l'Église* »¹⁴⁹ alors que la théologie biblique insiste sur le fait que c'est Dieu qui prend l'initiative de rassembler le peuple (Dt 23 ; 1 R 8 ; Ps 22, 26). C'est aussi lui qui prend l'initiative de faire d'Israël son peuple en scellant une alliance avec lui (Ex 19, 5 ; Lv 26, 12 ; Dt 26, 17). D'après cette théologie biblique, c'est Dieu, et non le peuple, qui est présenté comme sujet de l'Église. Cet aspect de convocation ou d'appel du peuple par Dieu n'est pas suffisamment mis en lumière dans l'ecclésiologie du peuple de Metz.

L'ecclésiologie politique de Metz prend une nette distance par rapport au pôle hiérarchique de l'Église. Cette distance peut être justifiée par rapport aux perspectives d'avant le Concile Vatican II où la dimension hiérarchique écrasait le peuple, à tel point que, « *aux yeux du peuple, l'Église n'est pas autre chose que le bâtiment de pierre. C'est un magasin qui appartient à l'évêque et aux prêtres, où divers besoins peuvent être satisfaits. [...] Car l'Église est un "supermarché, où les hommes achètent de la marchandise divine". On achète et on paie le prix exigé* »¹⁵⁰. Une telle critique ne concerne que le Vatican I

---

¹⁴⁸ Henri de Lavalette, *op.cit*, p. 346.
¹⁴⁹Ateba Augustin Germain Messomo, *Enjeu de la seconde évangélisation de l'Afrique noire. « Mémoire blessée» et «Église du peuple»,* Paris, L'Harmattan, 2005, p. 372.
¹⁵⁰J. B. Metz, *La foi dans l'histoire et dans la société*, p. 163.

oubliant la valeur de la constitution pastorale *Gaudium et Spes* qui ramène l'Église au peuple et le peuple à l'Église.

2.3.5. Oubli d'une exégèse de la Constitution pastorale Gaudium et Spes comme limite de l'ecclésiologie metzienne

Selon les propos de Jean Baptiste Metz : « *Bien sûr la théologie souscrira sincèrement aux progrès réalisés par le dernier concile. Mais elle ne peut méconnaître les limites et la contingence de la thématique de Vatican II* ». Metz ajoute que, « *pour prendre comme exemple le sujet qui m'est proposé, l'Église, au Concile, n'a-t-elle pas trop exclusivement parlé d'elle-même ? N'a-t-on pas encore senti l'action d'un narcissisme ecclésiologique* »[151] ? Cette assertion illustre clairement que Metz a oublié un aspect important des enseignements du Concile Vatican II : celui des rapports entre l'Église et le monde d'aujourd'hui. C'est précisément ce segment qui bénéficie des suffrages de la Constitution pastorale *Gaudium et Spes* (sur « *l'Eglise dans le monde de ce temps* ») invitant les catholiques à assumer pleinement toutes leurs responsabilités dans la société. Ce faisant, il leur est demandé d'apporter leur contribution à une juste compréhension de la famille, de la vie économique, de la culture, de la politique et de la société internationale.

La Constitution pastorale *Gaudium et Spes* démontre très bien l'intérêt porté par les Pères conciliaires à la

---

[151] J. B. Metz, *Pour une théologie du monde*, p. 97.

question de l'engagement politique de l'Église d'une façon spécifique. L'orientation du Concile Vatican II relative à l'engagement politique de l'Église provient, pour une grande part, des interventions décisives du Pape Jean XXIII. Il s'agit notamment de la convocation officielle du Concile par la Constitution Apostolique *Humanae salutis*, le 25 décembre 1961 (DC 1368 (1962 99-102), et ses encycliques *Mater et magistra* (15 mai 1961) et *Pacem in terris* (11 avril 1963). Dans ces textes publiés avant l'ouverture du Concile, des thèmes politiques comme ceux de la responsabilité et de la participation active ont été développés par le Pape. Ces thèmes dessinent précisément la perspective dans laquelle devrait s'inscrire le Concile Vatican II dans une logique de promotion de l'Homme en tant qu'il s'offre comme le prisme épiphanique de la véritable synthèse de l'enseignement social de l'Église et le centre de toutes les activités ecclésiastiques.

La Constitution pastorale *Gaudium et Spes* est divisée en deux parties. La première partie est doctrinale. Elle concerne l'Église et la vocation humaine. Elle est composée de quatre chapitres sur les thématiques de la dignité de la personne humaine, de la communication humaine, de l'activité humaine et du rôle de l'Église dans le monde de ce temps. La deuxième partie est pastorale. Elle est composée de cinq chapitres abordant des problèmes spécifiques, à savoir : la dignité du mariage et de la famille ; l'essor de la culture ; la vie économico-sociale ; la vie de la communauté politique ; la paix et la communauté des nations. Ces deux parties montrent bien que les sujets développés dans *Gaudium et Spes* concernent spécifiquement la vie concrète des hommes.

Si la clé de lecture de *Gaudium et Spes* est la personne humaine, « *la seule créature sur terre que Dieu a voulue pour elle-même* »[152], il faut préciser qu'à travers cette *Constitution pastorale*, l'Église cherche à rejoindre l'homme de notre temps, à le comprendre, à le servir et à l'évangéliser. Ce grand souci rejoint celui du « *Verbe incarné et la solidarité humaine* »[153]. Il montre que les Pères conciliaires avaient soif du dialogue avec le monde. Le Concile Vatican II l'a dit explicitement : « *les joies et les espoirs, les tristesses et les angoisses des hommes de ce temps, des pauvres surtout et de tous ceux qui souffrent sont aussi les joies et les espoirs, les tristesses et les angoisses des disciples du Christ et il n'est rien de vraiment humain qui ne trouve échos dans leur cœur* »[154]. Ainsi, les aspirations des peuples vers la réconciliation et vers la paix trouvent leur écho dans le cœur de l'Église. Il convient de souligner que ce qui est demandé aux chrétiens, ce n'est pas tant de construire une paix à eux. Il est demandé aux chrétiens de dynamiser les efforts vers la paix avec l'esprit de l'Évangile. Et quand l'Église s'engage sur les chemins de réconciliation et de paix, elle ne se fait pas d'illusions. Elle sait que réconciliation et paix ne sont pas évidentes au cœur humain ; mais étant une communauté de foi et d'espérance, elle prend le parti de rester fidèle à son Évangile d'Amour et ne jamais céder au désespoir devant un échec de cheminement vers la paix et les droits de l'homme.

L'Homme, qui est une énigme pour lui-même, est devenu sujet de la grande interrogation de l'Église depuis Vatican II. Le concile, notamment dans la première partie

---

[152] Vatican II, *Constitution pastorale*, *Gaudium et Spes*, n° 24, § 3.
[153] *Ibid*, n° 24, § 3n° 32, § 1-5.
[154] *Ibid*, n°1.

de *Gaudium et Spes*, avait abordé la problématique de l'Homme, de l'homme trouvant son achèvement dans le Christ, Fils de l'Homme autant que Fils de Dieu. De plus, l'enseignement social de l'Église a beaucoup approfondi depuis lors ce sens de l'Homme dont Jean Paul II dit, dans l'encyclique inaugurale de son pontificat, que « *l'homme est la route de l'Église* »[155]. Jean Paul II donnera une singulière extension à cette orientation anthropologique de Vatican II, tout en précisant bien dès le départ que l'Homme ainsi entendu est l'Homme habité par sa dimension religieuse, c'est-à-dire chercheur d'infini, capable de Dieu, porteur d'une image divine que réalise parfaitement Jésus, le Christ, « *au centre du cosmos et de l'histoire, Sauveur de tout homme et de tous les hommes* »[156].

Jésus-Christ, en choisissant la dernière place qui ne lui sera pas ôtée, s'est attaché, par ailleurs, à tout homme et c'est cette rédemption qui fonde la dignité fondamentale,

---

[155] On trouvera le texte de cette encyclique *Redemptor Hominis*, avec présentation et commentaires par le CERAS / Action populaire in Jean Paul II, *Le rédempteur de l'homme*, Le Centurion, coll. Faire notre histoire, Paris, 1979, 192 pages.

[156] Le pape Jean Paul II déclarait à Puebla, lors de son premier voyage en Amérique latine : « *Peut-être une des faiblesses les plus manifestes de la civilisation actuelle réside-t-elle dans une vision inexacte de l'homme. Notre époque est sans doute celle où l'on a le plus écrit et parlé de l'homme... Et cependant, de manière paradoxale, elle est l'époque des angoisses les plus profondes de l'homme sur sa propre identité et sur son destin personnel, l'époque du recul de l'homme à des niveaux jusqu'à présent insoupçonnés, l'époque des valeurs humaines piétinées comme on ne l'a jamais fait dans le passé. Comment expliquer ce paradoxe ? On peut dire que c'est le paradoxe inexorable de l'humanisme athée. C'est le drame de l'homme amputé d'une dimension constitutive de son être propre – sa recherche de l'infini – et ainsi placé en face de la pire réduction de ce même être* ».

imprescriptible, inaliénable et sacrée de chaque homme et de tout homme. Conséquence : tout homme, quels que soient son sort et sa condition, est égal en dignité à tout autre. Le Christ ayant choisi la dernière place, celle du réprouvé, l'Église ne peut qu'avoir plus de considération pour les plus petits, les plus fragiles, les malades, les plus pauvres, les plus déshérités, les marginalisés, les exclus, les esclaves des temps modernes, les « sans voix », préférentiellement aux riches et aux puissants. Ce thème est toujours plus marquant dans le discours social de l'Église depuis plus de vingt ans. C'est donc aussi l'homme concret qu'est chaque homme, appelé à faire son histoire personnelle, unique et irremplaçable, qui se pose comme : « *La première route que l'Église doit parcourir en accomplissant sa mission, route de sa vie et de son expérience quotidienne. L'Église de notre temps doit être, de façon toujours renouvelée, consciente de la situation de l'homme* ». Certes, « *il ne s'agit pas ici de donner seulement une réponse abstraite à la question : qui est l'homme ? Mais il s'agit de tout le dynamisme de la vie et de la civilisation* ». Au fond, « *il s'agit du sens des diverses initiatives de la vie quotidienne, et en même temps, des points de départ de nombreux programmes de civilisation, programmes politiques, économiques, sociaux, étatiques et beaucoup d'autres* »[157].

Si l'Homme, dans sa singularité, devient le centre des préoccupations et de la mission de l'Église, cet Homme est une Personne, c'est-à-dire un être à la fois individuel et social – pas seulement un individu comme l'exaltent les libéraux, pas seulement une parcelle du groupe humain comme le privilégient les collectivistes. Chaque homme

---

[157] Jean Paul II, Encyclique *Redemptor Hominis (le rédempteur de l'homme, n° 14.a, d ; 16.b, 1979)*.

est donc individuellement sujet de droits et de devoirs. Il est dans le même temps créancier et débiteur de la plus vaste solidarité qui lie tous les hommes entre eux. Cette préoccupation reviendra, elle aussi, très souvent dans le discours de Jean Paul II. L'Homme total, dans sa plénitude, le respect de sa dignité, l'épanouissement de sa personne : voilà la première et principale synthèse de l'enseignement social de l'Église depuis Vatican II qui définit, du même coup, sa première mission. En effet, il s'agira moins pour l'Église de proposer des solutions techniques aux différents problèmes de société que les hommes ont à résoudre de manière constamment renouvelée que de défendre et promouvoir, dans toutes ses activités, cette dignité de la personne humaine créée par Dieu et rachetée par le Christ.

Jean Paul II soutiendra, en 1987, que *L'Église n'a pas de solutions techniques à offrir face aux problèmes du sous-développement. Elle ne propose pas des systèmes ou des programmes économiques et politiques, elle ne manifeste pas de préférence pour les uns ou pour les autres, pourvu que la dignité de l'homme soit dûment respectée »* et *« promue et qu'elle-même se voie laisser l'espace nécessaire pour accomplir son ministère dans le monde. Mais l'Église est « experte en humanité » et cela la pousse nécessairement à étendre sa mission religieuse aux divers domaines où les hommes et les femmes déploient leur activité à la recherche du bonheur, toujours relatif, qui est possible en ce monde, conformément à leur dignité de personnes »*[158] humaines.

---

[158] Jean Paul II, Encyclique <u>Sollicitudo Rei Socialis</u> consacrée elle aussi au problème du développement dans les pays du tiers monde, n° 41.

Cette assertion est d'une importance capitale dans la mesure où l'Église est donc invitée à aller plus loin. Elle doit quêter la profondeur dans son service du monde et dans ses initiatives pour promouvoir la réconciliation, la paix et les droits de l'homme entre les peuples. Si Jean Baptiste Metz veut interpeller l'Église elle-même et, par cette dernière, interpeller la conscience morale de tous les chrétiens pour gagner la bataille de la paix et des droits de l'homme, il faut reconnaître le reproche de Metz qui accuse l'ecclésiologie de Vatican II de « *narcissisme* ». N'est-ce pas là un procès injuste de sa part ?

L'analyse de l'ecclésiologie de Vatican II révèle que Metz a oublié de faire une analyse exégétique de l'idée-maîtresse de *Gaudium et Spes* qui affirme dès l'introduction que « *la joie et l'espérance, les tristesses et les angoisses des hommes de ce temps, des pauvres surtout et de tous ceux qui souffrent, sont aussi les joies et les espoirs, les tristesses et les angoisses des disciples du Christ* », dans une perspective théologique selon laquelle « *la communauté des chrétiens se reconnaît donc réellement et intimement solidaire du genre humain et de son histoire* »[159]. Metz a ignoré que, selon les Pères conciliaires, la question de la personne humaine « *ne s'éclaire vraiment que dans le mystère du Verbe incarné* »[160]. Cette précision exprime bien comment l'Église reconnaît et affirme « *le caractère central de la personne humaine en tout domaine et manifestation de la socialité* »[161]. Au fond, avec *Gaudium et Spes*, l'on peut affirmer : « *l'Église tend vers un but unique : que vienne*

---

[159] Vatican II, Constitution pastorale, *Gaudium et Spes,* n° 1.
[160] *Ibid*, n° 22, § 1.
[161] Conseil Pontifical, Justice et paix, *Compendium de la doctrine sociale de l'Église*, Paris, Cerf, 2005, n° 106.

le règne de Dieu et que s'établisse le salut du genre humain »[162].

L'ecclésiologie politique de Metz est le titre de notre deuxième chapitre. Le concept d'« Église du peuple », propre à cette ecclésiologie, milite en faveur d'une théologie élaborée avec-le-peuple pour qu'il devienne sujet actif de son histoire en tant que peuple. L'« Église du peuple » est une « *Église où le peuple se comprend et se célèbre comme porteur de la nouvelle histoire de Dieu* »[163]. Il s'agit en fait d'une Église qui vient au « peuple »[164] en se mettant à son niveau. Comme peuple de Dieu dans l'histoire et dans la société, l'Église doit rendre compte de sa foi à travers une attitude de compassion envers les souffrances d'autrui. Selon Metz, l'identité de la mission de l'Église consiste à s'ouvrir à ce qui lui est étranger et à « *faire de la théologie "avec" le peuple* »[165]. Dans la théologie politique de Metz, l'Église est perçue comme une institution critique de la société, elle est le lieu de la reconnaissance de l'autre et de la transformation des conflits pour une réconciliation effective des peuples. Une telle perspective entraîne d'importantes conséquences théologiques pour la participation des chrétiens à l'action politique pour la justice et la paix. Cette ecclésiologie politique comporte plusieurs enjeux pour l'Église d'Afrique.

---

[162] *GS*, n° 45.
[163] J. B. Metz, *La foi dans l'histoire et dans la société*, p.163.
[164] *Ibid*, p.168.
[165] *Ibid,* p. 174.

Chapitre 3 : Enjeux de l'ecclésiologie politique de Jean Baptiste Metz pour l'Église en Afrique

Nous sommes enfin parvenus au point névralgique de notre recherche qui aura pour but de mettre en lumière les enjeux de l'ecclésiologie de Jean Baptiste Metz pour l'engagement politique de l'Église en Afrique. L'Église du peuple nous offre une aide nécessaire à une meilleure réception des orientations ecclésiologiques données par Metz. En effet, la vision metzienne de l'Église est une mine d'or qui ne doit pas circuler uniquement dans le cercle restreint des théologiens spécialistes. Elle doit aider à repenser l'engagement politique des Églises locales.

Étant donné que Metz ne s'adresse pas seulement à l'élite intellectuelle, mais à tous ceux qui font partie du corps mystique du Christ qu'est l'Église, il est indispensable que son ecclésiologie politique soit rendue accessible à tous, à partir de la participation des Églises particulières et des chrétiens à l'œuvre politique de la paix et de la non-violence à travers les religions. Nous analyserons les enjeux de cette ecclésiologie politique en trois étapes. Nous chercherons d'abord à cerner les enjeux théologiques, ensuite nous nous interrogerons sur les enjeux ecclésiologiques spécifiques, enfin nous esquisserons quelques perspectives concrètes sur l'engagement pastoral de l'Église en Afrique.

3.1. Enjeux théologiques de l'Église du peuple

Dans cette première partie de notre réflexion, nous nous proposons d'analyser les enjeux de l'ecclésiologie politique de Metz. Pour lui, l'Église est née de la profession du *kérygme* pascal. La reconnaissance de la foi comme fondement de l'Église est capitale. Ainsi, il est important de préciser l'enjeu de la foi et sa signification pour la vie de l'Église tout en insistant sur son aspect eschatologique selon le modèle de l'Église du peuple qu'il propose.

3.1.1. Enjeu de la foi dans l'Église du peuple

L'enjeu de la foi dans l'Église du peuple souligne non seulement le sens de la foi dans l'Église, mais aussi et surtout la puissance de celle-ci dans l'existence de l'homme. Elle oblige le chrétien à rendre compte de l'espérance qui est en lui dans l'histoire et dans la société. C'est de cette manière que Metz envisage la thématique de la foi. Pour lui, « *la foi des chrétiens est une praxis dans l'histoire et dans la société, qui se comprend comme espérance solidaire dans le Dieu de Jésus en tant que Dieu des vivants et des morts, qui les appelle tous à être sujets devant sa face* »[166]. Une face qui accueille et prône la dignité de l'Homme.

---

[166] J. B. Metz, *La foi dans l'histoire et dans la société*, p. 97.

La définition metzienne de la foi fait allusion aux expressions classiques, utilisées dans l'Ancien Testament pour décrire la foi. Il s'agit des termes comme « *Batah* (avoir confiance) », « *quiwwah* (espérer) »[167]. Selon l'Ancien Testament, la foi est essentiellement l'attitude de l'homme qui est convaincu que Dieu est sûr et rassure ; Dieu est solide et fiable, l'on peut s'appuyer totalement et radicalement sur lui. Dieu réalise ce qu'Il promet, et le chrétien, en s'appuyant sur le Dieu de Jésus, est sûr de rendre compte de sa foi dans la société. Le Dieu de Jésus constitue, pour les chrétiens, un noyau dur. La solidité du chrétien est ecclésiale et elle s'explique par la solidité de celui qui constitue son appui : le Dieu de Jésus. Le chrétien fait confiance en l'avenir parce qu'il sait que Dieu Lui-même le garantit en raison de sa fidélité et du devenir sujet de tous devant Sa Face.

Croire au Dieu de Jésus, c'est se dessaisir de soi-même, se laisser saisir et conduire par Dieu seul en toute chose. Mais de quelle manière faut-il comprendre la foi pour qu'elle ne fasse pas sombrer le croyant dans l'irresponsabilité historique ? En effet, une mauvaise compréhension pourrait laisser penser qu'il suffit de croire en Dieu pour que tout soit réalisé ou encore que la foi en Dieu donne l'espace à Dieu Seul et dispense l'homme de penser, d'agir, de s'engager et de prendre ses responsabilités face à l'histoire, face aux problèmes de la vie qui se présentent à lui ou à la communauté à laquelle il appartient : « *La foi eschatologique et l'engagement terrestre ne s'excluent pas mutuellement. Car ne pas se conformer à ce monde, [...] cela veut dire : transformer, par sa résistance et par son attente créatrice, la forme du*

---

[167] Peter Eicher, *Dictionnaire de théologie*, Paris, Cerf, 1988, p. 262.

monde où l'on croit, où l'on espère et où l'on aime »[168]. C'est cela, « rendre compte de l'espérance chrétienne ». Au fond, l'approche de la théologie fondamentale pratique de Metz ne dissocie pas la foi chrétienne de l'exigence de cette foi qui demande aux chrétiens de rendre compte. La foi de l'Église est une foi en vue du monde.

La question de fond que pose la foi dans l'Église du peuple est celle de savoir comment l'Évangile de Jésus-Christ est réellement Bonne Nouvelle pour les hommes qui désespèrent et qui souffrent aujourd'hui. Une telle question doit amener les chrétiens à faire l'expérience de Dieu et à interpréter la pratique de leur foi dans la vie de la société. La préoccupation théologique de Metz est aussi celle de la théologie herméneutique développée par Claude Geffré pour qui, « *avoir aujourd'hui une foi critique et responsable, c'est produire une nouvelle interprétation du message chrétien en tenant compte de notre situation historique tout en s'inscrivant dans la même tradition qui a produit le texte original* »[169]. Autrement dit, la théologie de Metz, en particulier son ecclésiologie politique, peut aider à interpréter la situation de l'Église en Afrique, dans la mesure où la foi en la résurrection renvoie tout chrétien à sa vie présente dans la société, et lui donne l'occasion de vivre d'une manière proleptique, c'est-à-dire d'anticiper les effets libérateurs de la résurrection contre toutes les formes de souffrance et de mort.

L'enjeu d'une telle approche est que la mission évangélisatrice de l'Église prend une autre dimension. Elle

---

[168] J. B. Metz, *Pour une théologie du monde*, p. 109.
[169] C. Geffré, *Le christianisme au risque de l'interprétation*, Paris, Cerf, 1988, p. 219.

doit désormais prendre en charge la vie sociale d'un peuple et faire en sorte que l'annonce de la Bonne Nouvelle rende manifeste une expérience de libération du peuple souffrant dans un espace déterminé. La vérité que le croyant trouve dans la Parole de Dieu demande sans cesse à être actualisée en fonction du contexte socio-historique, politique, économique et culturel qui est le sien. L'intelligibilité de la foi étant la tâche du théologien, c'est donc la théologie elle-même qui devient une herméneutique.

A l'instar du théologien allemand, Jean Baptiste Metz, le théologien dominicain Claude Geffré conditionne l'acte de théologiser par la praxis de la foi et de la charité des chrétiens. Pour lui, c'est cette pratique qui doit être le lieu de l'interprétation de l'Écriture. Il lui reconnaît même un rôle structurant dans l'élaboration du message chrétien. Une telle « *théologie peut être créatrice de nouvelles possibilités d'existence. Elle peut anticiper l'avenir dès lors qu'elle entretient un rapport dialectique entre l'Écriture et une telle pratique chrétienne* »[170] dans le souci de promouvoir la paix et la non-violence.

L'enjeu de la foi dans l'Église du peuple obéit à la recommandation de 1 P 3, 15 : une « *pratique de l'espérance qui a pour lieu le non-lieu et non pas l'être passé, à cause du mystère même du Christ, objet de la foi des chrétiens. En tant que ce mystère constitue la règle de la foi, il est capable de susciter des figures historiques toujours nouvelles dans l'ordre de la confession et dans l'ordre de la pratique* »[171]. Ce qui est dit ici nous donne

---

[170] C. Geffré, *Le christianisme au risque de l'interprétation*, Paris, Cerf, 1988, pp. 29-30.
[171] *Ibid*, p. 103.

l'occasion de faire une articulation du sens de la foi chrétienne avec la mémoire du peuple pour l'Église en Afrique.

3.1.2. Enjeu d'une articulation de la foi chrétienne avec la mémoire du peuple

L'articulation du sens de la foi, appelé *sensus fidei*, et de la mémoire du peuple, exige de nous une définition préalable du *sensus fidei* qui, à son tour, doit faire appel au *sensus fidelum*. La Constitution dogmatique sur l'Église, *Lumen Gentium* définit le *sensus fidei* comme : « *Collectivité des fidèles, ayant l'onction qui vient du Saint Esprit, ne peut se tromper dans la foi ; ce don particulier qu'elle possède, elle le manifeste par le moyen du sens naturel de foi qui est celui du peuple tout entier, lorsque, des évêques jusqu'aux derniers des fidèles laïcs, elle apporte aux vérités concernant la foi et les mœurs un consentement universel* »[172]. De cette définition, nous pouvons retenir que le terme *sensus fidei* est la présence active de l'Esprit-Saint qui inspirait et mettait en mouvement les prophètes et accompagnait Jésus et ses apôtres.

Si le *sensus fidei* est fondé sur la présence de l'Esprit, le sens spirituel dans une vie chrétienne de fidélité à l'Évangile, le *sensus fidelium* est la manifestation du *sensus fidei*. C'est ce qu'affirme J. M. Tillard : « *Le sensus fidei dont le sensus fidelium est la manifestation ne se*

---

[172] Concile Vatican II, Constitution dogmatique sur l'Église, *Lumen Gentium* n°12.

possède pas en dehors de l'appartenance à la communion de tous les baptisés »[173]. Il s'agit ici du sens de la foi des membres entiers du corps ecclésial. Dans le contexte de l'Église en Afrique, le *sensus fidei* concerne tous les diocèses, à cause du principe de la coresponsabilité des chrétiens vis-à-vis de la foi. Et donc, c'est en participant à la vie ecclésiale, rythmée par les célébrations liturgiques et la pastorale, que le chrétien justifie sa qualité de disciple.

Au cœur des enjeux du *sensus fidei*, se trouve la thématique de la collaboration entre les membres du corps ecclésial, notamment la collaboration du peuple avec les pasteurs, le magistère et les théologiens. L'autre enjeu du *sensus fidei* se trouve au niveau des « *responsables de communautés, ceux-là mêmes qui font la communauté en tant qu'ils l'organisent au nom de l'Église, l'animent et la développent* »[174]. L'enjeu véritable d'une telle perspective est de faire de l'Église locale, celle d'Afrique, le lieu expressif et visible du *sensus fidei*.

Cependant, privée de moyens pour être véritablement sujet d'action de sa vie ecclésiale, une Église locale ne peut articuler le sensus fidei avec la mémoire de son peuple, quel que soit le degré de compétence de son laïcat. Peut-on dire avec assurance que la Conférence des Évêques d'Afrique dispose des moyens nécessaires pour relever les défis de la mémoire blessée de son peuple ? Il est très difficile de donner une réponse affirmative pour le moment. Il est vrai que, dans ces dernières crises qu'a connues la République Centrafricaine, « *nous avons*

---

[173]Jean-Marie Roger Tillard, *L'Église locale : Ecclésiologie de communion et catholicité,* Paris, Cerf, 1995, pp. 314-315.
[174] Jean Marc Ela, *Le cri de l'homme africain*, Paris, L'Harmattan, 1980, p. 11.

touché le fond du supportable humain ou social »[175] et « *le peuple a perdu espoir* »[176]. Toutefois, il est encore possible de voir les choses changer pour le bien de tous et de témoigner de l'espérance à tous. C'est cette conviction qui doit animer le peuple chrétien d'Afrique dans sa *sequela Christi (*suite du Christ).

3.1.3. Enjeu de la suite du Christ selon la théologie de Jean Baptiste Metz

L'une des intuitions majeures qui sous-tend l'ecclésiologie politique de Jean Baptiste Metz est la suite du Christ, notamment le « suivre Jésus ». Et cette suite du Christ a une dimension à la fois mystique et politique. La théologie qui en découle est précisément une théologie politique et mystique. Il en va de même de son ecclésiologie qui porte, en elle, cette double dimension politique et mystique. Rappelons ici que dans la théologie fondamentale pratique de Metz les aspects politiques et mystiques ne s'opposent nullement, au contraire ils s'entrelacent mutuellement. Sur le plan ecclésiologique, l'expression « *mystique de la suite du Christ* » n'est pas une expression détachée du contexte social. Elle n'est donc pas étrangère aux souffrances et aux conflits du monde.

Pour le théologien dominicain, Pierre-Yves Materne, « *la suivance n'est pas réservée à des "spécialistes", en*

---

[175]F-X. Yombandjé, *op. cit.*, p. 127.
[176]*Idem.*

l'occurrence à ceux qui ont fait des vœux dans un ordre religieux ». Il ajoute que, *« plus largement, estime Metz, chaque baptisé est appelé à suivre Jésus dans son état laïc. On aurait tort de confier cette tâche exclusivement aux personnes consacrées. C'est toute l'Église qui doit être à la suite du Christ »*[177]. La suivance du Christ concerne en effet la communauté des hommes et des femmes de foi qui suivent Jésus en s'inspirant de son Esprit. La suivance du Christ est plus collective, elle est l'expression ecclésiologique du Corps du Christ. L'enjeu d'une telle démarche est qu'on ne suit pas Jésus tout seul, on le suit avec et pour autrui.

L'idée de la suite du Christ dans l'ecclésiologie comporte une composante socio-politique. Elle implique aussi des engagements socio-politiques de toute l'Église et surtout celui de l'Église locale dans son ensemble. C'est à cette condition que la suite du Christ, selon l'ecclésiologie politique de Metz, peut devenir une source crédible et créatrice d'avenir dans l'Église en Afrique, en vue de faire face à de nouvelles problématiques de fond qui se présentent à sa communauté.

Dans la communauté ecclésiale, Metz reconnaît que la radicalité de la suite de Jésus n'est pas viable sans une conscience de la fin des temps : *« Sans l'attente d'un retour proche du Seigneur, suivre Jésus est invivable ; sans l'espérance que les temps seront raccourcis, c'est insupportable »*[178]. La suite de Jésus et l'attente de son retour constituent donc deux faces d'une même médaille. Le caractère inséparable de la suivance et de la fin des temps chez Metz peut avoir ses racines dans la parabole du

---

[177] P. Y. Materne, *op. cit.*, p. 72.
[178] J. B. Metz, *Un temps pour les ordres religieux ?* p. 21.

jugement dernier chez Matthieu (Mt 25), qui atteste que ce que je fais maintenant au plus petit a une incidence sur la fin des temps. C'est une tâche qui exige la conversion individuelle qui peut avoir des répercussions sur les relations sociales, dans la mesure où la *metanoia* peut changer les perspectives de vie de chaque personne et permettre de réviser la manière de vivre en société avec les autres.

3.1.4. L'articulation de la Kénose du Christ et de la pauvreté anthropologique du chrétien africain

La tâche fondamentale de l'Église consiste à témoigner du Christ dans le monde. La crédibilité du témoignage de l'Église dans la société dépend de la prise en compte de la spécificité des situations relevant d'une société donnée.

Pour l'Église africaine, engluée dans la pauvreté anthropologique, lire l'Évangile de Jésus-Christ et le faire parler au peuple centrafricain en fonction de sa situation historique requiert, de la part de l'Église locale, une aptitude à la créativité, à l'inventivité. Pour faire face aux multiples défis et résoudre ses problèmes, l'Église en Afrique ne doit pas se contenter de copier les modèles conçus en d'autres lieux pour les "transposer machinalement" tout simplement. Elle a le devoir d'inventer un modèle ecclésial, capable de surmonter les graves défis socio-politiques, économiques, culturels qui assombrissent son image et affadissent sa texture gustative. Claude Geffré écrit à ce sujet : « *Le chrétien n'est donc pas condamné à l'idéal impossible de reproduire ce que le Christ a fait. Il est bien plutôt remis à sa propre conscience illuminée par l'Esprit pour inventer ce que le Christ ferait aujourd'hui* »[179] et demain.

L'humiliation est une des dimensions de la kénose du Christ. Elle est aussi la déclinaison de la parenté du Christ avec les pauvres et la communauté des humiliés qui ont foi au Dieu de Jésus. Ainsi, conscient des multiples humiliations qu'il a subies, le peuple centrafricain, au nom de sa foi au Dieu de Jésus, peut relire l'histoire de ces humiliations à partir des humiliations du Christ. Il y a comme une parenté du Christ humilié avec l'homme centrafricain. À propos de cette conscience parentale du Christ avec les hommes humiliés, Meinrad Hebga écrit : « *En vérité, Jésus-Christ est nôtre et proche de nous par la profondeur de son humiliation d'homme [...] Nous avons avec le Christ une parenté dans l'humiliation* »[180]. Cette assertion du jésuite camerounais peut retentir, d'une manière particulière, pour le peuple centrafricain que le Christ est venu rejoindre dans sa kénose.

L'identification du Christ au pauvre n'induit pas la sacralisation de la pauvreté ou l'édification d'une catéchèse apologétique de l'indigence. Elle s'offre plutôt comme l'ouverture d'une nouvelle vie et la réintégration des pauvres dans la société. L'épisode de la femme adultère qui retrouve sa dignité (Jn 8, 1-11), celui de Bartimée qui retrouve la vue (Mc 10, 46), etc., témoignent bien de cette nouvelle vie, pour chacune de ces personnes. S'appuyant sur le modèle kénotique, la tâche de l'Église d'Afrique doit être celle de la libération. L'Évangile de

---

[179] C. Geffré, *op. cit.*, pp. 273-274.
[180] Meinrad Hebga, *Les prêtres noirs s'interrogent*, Paris, Cerf, 2em édition, 1957, p. 10.

Jésus ne devient Bonne Nouvelle crédible pour celui qui subit la misère que s'il devient pour lui message de libération.

3.1.5. Enjeu du salut eschatologique du peuple africain

Chez Metz, le salut eschatologique est perçu comme fondement de l'espérance chrétienne. Partant des implications praxéologiques de l'idée de Dieu, dans son premier ouvrage de théologie politique intitulé *Pour une théologie du monde*, Jean Baptiste Metz a élaboré une eschatologie. L'eschatologie metzienne est une eschatologie critique et créatrice tant et si bien qu'elle ne peut être une attente passive du Christ.

Loin de séparer et d'opposer l'avenir du monde historique et l'avenir de la foi de l'Église, Metz situe les deux réalités dans un rapport de convergence et précise que « *L'espérance, qui est l'attitude de la foi chrétienne face à l'avenir, ne peut se réaliser en passant à côté du monde et de son futur. Cette espérance doit se porter garante et responsable pour un seul avenir, celui de la promesse, qui est par là même celui du monde* »[181]. Pour Metz, l'espérance n'est pas centrée de manière passive sur l'optimisme qui consiste à penser que les problèmes trouveront des solutions, que toute chose finira bien par s'arranger à la fin des temps. L'espérance est une critique créatrice du moment présent du monde et de l'être-là.

---

[181] J. B. Metz, *Pour une théologie du monde*, pp. 106-107.

La conception du salut ne doit pas se contenter d'orienter l'esprit de la majorité des convertis vers une conception du salut qui ne s'accomplira qu'au ciel. Le salut s'entremêle avec la libération et s'expérimente à la fois au présent et au futur. Ainsi, tout en étant objet de l'espérance, le projet salvifique, dans la Bible, a une dimension présente. Cette assertion a tout son sens pour l'Église d'Afrique à l'heure où le peuple est marqué par une profonde douleur nourrie des tétines des multiples crises. Pour Metz, le salut est cette force qui pousse le chrétien à lutter contre les drames de sa société pour lui apporter la sécurité et la paix de Dieu. Une telle vision permet au chrétien de vivre d'une manière proleptique la vie du Royaume de Dieu, dans la mesure où « *le Royaume est une totalité : il est Dieu, il est la création tout entière réconciliée, il est l'humanité fraternelle, il est l'homme dans son corps physique et social délivré de la souffrance et de l'exploitation* »[182].

3.2. Rappel de deux principes essentiels de l'ecclésiologie de communion

Dans cette section, notre réflexion va s'appuyer sur la pensée de Messomo Ateba qui a déjà déblayé le terrain. Le postulat de l'ecclésiologie politique de Metz est l'intérêt de l'Église et sa prise en charge de l'existence du sujet croyant. Notre analyse se limitera aux enjeux de la

---

[182] Alain Durand, « Option prioritaire et réflexion théologique », in C. Royon et R. Philibert, *Les pauvres, un défi pour l'Église : Séminaire de recherche de la Faculté de Théologie de l'Institut Catholique de Lyon*, Paris, Atelier, 1994, p. 490.

communion entre l'Église locale et l'Église universelle. Ensuite, nous tenterons de présenter l'Église locale comme lieu d'incarnation de l'Église universelle, avant d'aborder les enjeux de l'ecclésiologie de Metz en Afrique.

3.2.1. La pleine communion entre l'Église locale et l'Église universelle

Avant d'aborder la thématique de la pleine communion entre l'Église locale et l'Église universelle, il convient au préalable de préciser ce que l'on entend par Église locale ou Église particulière. Abordant la thématique de l'Église locale, lieu de réalisation fondamentale de l'Église, Laurentin Villmin écrit : « *En parlant d'Église locale, nous entendons l'Église diocésaine, une portion du peuple de Dieu, dotée sur le plan théologal de tous les biens : l'Évangile, le Saint-Esprit, l'Eucharistie et l'épiscopat, et qui se réalise en un lieu donné* »[183]. Ainsi, l'Église locale est une manifestation historique, dans l'ordre de la grâce, de toute l'Église de Dieu, le lien indispensable de communion entre l'Église locale et l'Église universelle. En effet, l'une ne peut vivre pleinement sans l'autre : « *l'Église locale est d'autant plus Église de Dieu et Église du Christ qu'elle vit davantage dans l'Église universelle, en pleine communion de vie avec elle, et qu'elle est simultanément enracinée dans son terrain socio-culturel*

---

[183] Laurentin Villmin, « Le diocèse est-il une Église locale ou une Église particulière ? Quel est l'enjeu de ce vocabulaire ? », in *Le ministère des évêques au Concile Vatican II et depuis, Hommage à Mgr Guy Herbulot*, Paris, Cerf, 2001, p.76.

particulier »[184]. « *L'Église locale est l'événement même de l'Église universelle. Elle n'est pas le résultat d'un découpage atomisant de l'espace universel occupé par l'ensemble de l'Église, mais une concentration de l'Église exerçant la faculté qu'elle possède de s'actualiser* »[185]. Ces deux affirmations montrent que l'Église universelle ne résulte pas d'une addition des Églises particulières ou de leur fédération. L'on ne saurait davantage considérer ces Églises comme le résultat d'un découpage d'une Église universelle qui leur serait supposée antérieure.

Dans le même sens, parlant de la dimension communautaire du salut, Jean Rigal remarque que le salut n'est pas offert à des individus isolés mais à un peuple, même si son accueil est personnel : « *Dans la Bible, l'unité de salut, ce n'est pas un individu, c'est un peuple. Et lorsque Dieu appelle des personnes qui auront un rôle décisif dans l'histoire du salut, cet appel retentit toujours en référence à un peuple et en lien avec lui* »[186].

Subséquemment à ce qui précède, il faut retenir que le dynamisme de l'Église catholique est bâti sur la dialectique entre le local et l'universel. Selon la Commission Théologique Internationale, cette dialectique entre le local et l'universel a pour référence originaire la Trinité différenciée des personnes dans l'unité de Dieu : « *Pour la théologie catholique de l'unité et de la diversité de l'Église, une référence originaire s'impose : celle de la Trinité différenciée des personnes dans l'unité même de*

---

[184] Félicien Nwanama Galumbulula, *Le dynamisme missionnaire de l'Église locale dans la missiologie postconciliaire de J. Masson et A. Seumois. Une contribution à l'éveil missionnaire*, Rome, Pontifica Universita Gregoriana, 1996, p. 30.
[185] Karl Rahner, *Mission et grâce*, I, Paris, Mame, 1962, pp. 25-26.
[186] Jean Rigal, *Le mystère de l'Église*, Paris, Cerf, 1992, p. 118.

Dieu ». Par ailleurs, la distinction réelle des personnes ne divise en rien la nature. « *La théologie de la Trinité nous montre que les véritables différences ne peuvent exister que dans l'unité. Au contraire, ce qui n'a pas d'unité ne supporte pas la différence. Nous pouvons appliquer analogiquement ces réflexions à la théologie de l'Église* »[187] dans la société humaine.

Ainsi, l'Église locale doit s'ouvrir à l'Église universelle, d'une manière réciproque à travers les liens de communion de tout le genre humain dans le Christ, l'une ne peut pas vivre coupée de l'autre. Certes, du point de vue humain, la communion universelle ne se vérifie d'une manière concrète que dans la communion particulière. Cependant, du point de vue de la Trinité différenciée, l'articulation entre l'Église locale et l'Église universelle se situe au niveau de l'unité et de la diversité entre l'Église locale et l'Église universelle, dans le mystère de la Trinité. Elle ouvre des perspectives importantes pour penser l'organisation de la diversité dans une Église locale.

Entre l'Église locale et l'Église universelle, il existe une sorte de compénétration exprimant l'interdépendance des deux. L'Église est une et universelle. Cette universalité se particularise au niveau local. Yves Congar affirme justement que : « *si l'Église locale ou particulière est l'Église de Dieu, une, sainte, catholique et apostolique, elle ne l'est pas seule. D'autres le sont comme elle. Elle ne l'est vraiment que dans la reconnaissance et la communion des autres* »[188]. Une telle communion avec les autres est capitale et fondée sur les éléments constitutifs de

---

[187] Cité par Marc Pelchat et Demis Robitaille, *Ni curés ni poètes : Les laïques en animation pastorale*, Paris, Éditions Paulines, 1993, p. 228.
[188] Yves Congar, *Autonomie et pouvoir central dans l'Église*, Paris, Irénikon, 1980, p. 301.

l'Église locale. Les Églises locales sont des Églises complètes. Ceci s'explique par l'action des principes de ce que l'on peut appeler la communion "verticale". Celle-ci sert de matrice et de levain pour l'ossification d'une communauté de fidèles vivant une communion entre eux, laquelle communion est dite "horizontale". C'est la communion dans et par la foi avec le Dieu de Jésus-Christ par la médiation de son Évangile et des sacrements de l'Église, en particulier le sacrement de l'Eucharistie.

La mission de l'Église locale doit être en lien avec celle de l'Église universelle. L'Église locale doit servir à la communion et non le contraire. Dans l'exhortation apostolique *Evangelii Nuntiandi*, Paul VI affirmait que l'Église est « *la grande communauté que ni l'espace ni le temps ne sauraient limiter* »[189]. Dans son encyclique *Redemptoris Missio*, Jean-Paul II souligne : « *Toutes les Églises particulières, jeunes et anciennes, sont appelées à donner et à recevoir pour la mission universelle, et aucune ne doit se fermer sur elle-même* »[190].

3.2.2. L'Église locale, lieu de réalisation de l'Église universelle

L'on ne trouvera jamais nulle part l'Église universelle ayant une réalité propre visible et palpable. C'est à travers les Églises locales, transpercées elles-mêmes par la catholicité, que l'Église universelle est présente et prend visage. C'est pour cela que chaque Église locale doit être

---
[189] Paul VI, *Evangelii Nuntiandi*, n° 61.
[190] Jean-Paul II, *Redemptoris Missio*, n° 85.

perçue comme l'Église propre de Dieu en Christ à partir d'un lieu ou d'un espace propre. La réalisation de l'Église universelle dans l'Église locale se fait à trois niveaux.

Le premier niveau est celui de la communion dans les biens de la grâce auxquels tous les fidèles chrétiens prennent part. La justification conciliaire de ce premier niveau est que « *le peuple messianique est établi par le Christ pour communier à la vie, à la charité et à la vérité* »[191]. Au fond, l'Église locale est une communion de foi qui opère dans la charité et persévère dans l'espérance. Elle est aussi communion de mission qui s'adresse aux hommes de bonne volonté, afin qu'ils vivent dans la communion avec Dieu. À cet effet, les chrétiens de l'Église locale doivent former une communion de réconciliation dans laquelle sont surmontées les oppositions entre le genre, les cultures, etc.

Le deuxième niveau concerne l'apostolicité de l'Église locale. Ainsi, toute communauté ecclésiale locale doit être reliée à la communauté apostolique, notamment au collège des Apôtres, fondement sur lequel l'Église est bâtie. La communion historique de l'Église locale avec le collège apostolique constitue ce que l'on pourrait appeler la Tradition de l'Église. Cette communion garantit la catholicité de l'Église locale qui est constitutive de sa nature. La catholicité renvoie aussi à la communion dans la diversité historique, géographique et culturelle en laquelle se réalise le salut. En somme, l'on peut affirmer que la communion ecclésiale n'est universelle que lorsqu'elle est vécue dans la catholicité.

---

[191] *Lumen Gentium*, n° 9b.

Le troisième niveau met l'accent sur la synergie entre les charismes des membres de l'Église locale. « *En vertu de leur incorporation sacramentelle dans le Corps du Christ et en vertu du sacerdoce commun qui en procède* »[192], « *les laïcs ont, dans l'édification de l'Église comme communauté sacerdotale, prophétique et royale* »[193], une responsabilité dont ils ne peuvent se dispenser. L'Évêque est au cœur de l'Église locale comme le fondement visible de l'unité[194]. Tels sont les éléments qui permettent à l'Église locale d'être le lieu de réalisation de l'Église universelle.

3.2.3. *Enjeux ecclésiologies spécifiques de la théologie metzienne pour l'Église d'Afrique*

Nous voulons, dans ce point de notre réflexion, cerner les enjeux de l'approche ecclésiologique de Metz qui, à notre avis, constitue une interpellation missionnaire pour toutes les Églises locales d'Afrique en général, pour celle de Centrafrique en particulier. L'enjeu de l'ecclésiologie metzienne pour l'Église en Afrique nous permettra aussi d'entrer dans la profondeur de la thématique de l'engagement politique de l'Église locale pour le devenir sujet du peuple devant Dieu.

Selon Metz, l'Église est perçue comme le lieu « *où le peuple se comprend et se célèbre comme porteur de la*

---

[192] *Lumen Gentium*, n° 10-12.
[193] *Ibid*, n° 34.
[194] *Lumen Gentium*, n° 23a.

nouvelle histoire de Dieu »¹⁹⁵. De cette définition qui exprime, du côté du peuple, l'état d'une conscience d'appartenance propre et une responsabilité pratique à l'Église, nous pouvons dégager en premier lieu l'enjeu du rapport avec le vécu concret du peuple, la reconnaissance du peuple comme lieu théologique. Cet enjeu est capital non seulement pour la théologie de l'Église au sens théorique d'une recherche rigoureuse de l'intelligence de la foi, mais aussi et surtout, pour la théologie fondamentale pratique dans sa démarche de transformation concrète de la vie et de la société. Metz fournit des outils pour aider les Églises locales à penser la foi chrétienne à partir de la vie du peuple. La reconnaissance du peuple comme lieu théologique doit prendre en compte « *la souffrance structurelle du peuple qui lui interdit une identité propre, qui ne lui permet pas de devenir lui-même "peuple nouveau" et qui dans une certaine mesure l'excommunie socialement* »¹⁹⁶. C'est dans cette reconnaissance du peuple et de sa souffrance que l'Église locale peut jouer un rôle critique et créatif en tant que nouvelle formulation du message chrétien.

Si la vision ecclésiologique du théologien allemand s'est fortement intéressée au drame du génocide juif, durant la seconde guerre mondiale, notamment : « *ce qui s'est passé durant la Shoah n'exige pas simplement une révision des relations historiques entre chrétiens et Juifs, mais également une révision de la théologie chrétienne* »¹⁹⁷. Cette réclamation de Metz peut s'appliquer, avec une déclinaison particulière, dans le cadre de l'Église d'Afrique, pour une révision des

---

[195] J. B. Metz, *La foi dans l'histoire et dans la société*, p.163.
[196] *Ibid*, p.164.
[197] J. B. Metz. E. Wiesel, *Espérer envers et contre tout*, p. 35.

relations historiques entre chrétiens et musulmans du point de vue du dialogue interreligieux. Selon le théologien de Münster : « *pour garder Auschwitz et la Shoah à l'esprit de telle manière que cela ne se répète plus jamais parmi nous, il faudrait, pour soutenir notre conscience, ce que j'ai appelé une "culture de l'anamnèse"* »[198]. Ce dispositif théologique peut aider l'Église d'Afrique à plaider pour une valorisation de « *l'autorité de ceux qui souffrent* »[199] sans distinction de religion et de race, et à réfléchir sur les vraies causes de l'écroulement de la solidarité au sein du peuple. L'Église locale est le lieu par excellence de la célébration de cette anamnèse et du développement d'une culture de l'anamnèse.

En somme, l'ecclésiologie politique permet de « *rendre compte de l'espérance dont elle est porteuse face au regard de l'autre* »[200]. Ce compte rendu de l'espérance doit être compris dans la logique du don et de la confiance en l'autre, en qui il faut voir l'image de Dieu. Le principe de l'espérance se veut un principe de responsabilité pour l'autre. Rendre compte de l'espérance dans l'Église locale exige aussi de la part de ses membres la conscience de la « *dignité humaine issue d'une fraternité dans laquelle les humains sont appelés par Dieu à la responsabilité pour l'autre* »[201]. En résumé, l'« *espérance chrétienne est une espérance dans laquelle nous n'avons pas simplement à boire quelque chose, mais encore à préparer les plats* »[202] ; c'est une responsabilité critique et créatrice à promouvoir dans l'Église locale pour la transformation de

---

[198] J. B. Metz. E. Wiesel, *Espérer envers et contre tout*, p. 35.
[199] *Ibid*, p. 50.
[200] *Ibid*, p. 45.
[201] Howard Caygill, *Levinas and the political*, London, Routledge, 2002, p. 6.
[202] J. B. Metz, *Pour une théologie du monde, op. cit.*, p. 109.

la vie du peuple. Sans énumérer tous les enjeux de l'ecclésiologie politique de Metz, il nous semble important de nous interroger sur l'expression metzienne d'« *une Église à la hauteur de son époque* ».

3.2.4. Enjeu d'une Église à la hauteur de son époque

« *Une Église à la hauteur de son époque* » est une expression propre à Jean Baptiste Metz. Elle a pour objectif d'élaborer une Église du peuple qui a la capacité d'ouvrir un avenir au peuple blessé : « *Si la capacité de l'Église à avoir un avenir est si faible, c'est qu'elle a gâché beaucoup de chances dans le passé* »[203], dans la mesure où « *l'Église donne plutôt l'impression d'être soucieuse de confort, et non une force vive qui démasque et fait éclater nos banalités que nous faisons passer pour modernes* »[204]. C'est en fait, une manière d'inviter l'Église à se réformer sans cesse face à la souffrance du peuple.

La question fondamentale n'est pas de savoir ce que signifie au juste être à la hauteur de son époque, moins encore de se demander qui définit la hauteur d'une époque. L'interrogation adressée est : « *Suis-je au diapason de mon époque, suis-je en simultanéité avec elle* »[205] ? Se poser cette question dans une Église locale nécessite la conscience de l'engagement missionnaire de chaque fidèle du Christ face aux défis de la société dans laquelle l'on vit.

---

[203] J. B. Metz. E. Wiesel, *Espérer envers et contre tout*, p. 76.
[204] *Ibid*, p. 77.
[205] *Idem*.

L'enjeu d'une Église à la hauteur de son époque se comprend en termes de défis posés à l'Église et auxquels elle doit faire face pour protéger la dignité de la personne humaine. Certes, les défis sont nombreux. Mais les grands défis sont surtout la défense de la personne humaine contre la torture, la question du rapport Église-État, la crise écologique, etc. Répondre à ces défis, à partir de la foi en Dieu, exige un renouveau de la théologie dans toute sa déclinaison systématique, morale pastorale et liturgique.

3.3. Enjeux pastoraux de la théologie metzienne en Afrique

L'Église a, selon Jean Baptiste Metz, une fonction critique et libératrice. Sur le plan pastoral, cette tâche ecclésiale vise, avant tout, à redonner aux êtres humains leur dignité devant Dieu. Car le Dieu chrétien n'est pas seulement le Dieu des cœurs, il est le Dieu de tout l'homme et de tous les hommes. Ainsi, c'est toute l'épaisseur de l'existence humaine terrestre, dans la totalité de la nature humaine, qu'il nous a été donné d'être sauvés et transfigurés par l'Incarnation et la Résurrection de son Fils. Ainsi, l'Église et ses membres ont le devoir d'assumer la responsabilité qu'ils ont à l'égard du monde.

3.3.1. La praxis chrétienne comme critique de la violence

La praxis chrétienne dans la société exige une définition plus précise. S'appuyant sur la définition de Jürgen Moltmann, Metz affirme : « *La praxis est toujours plus adossée chez Moltmann à une théologie où l'histoire de la souffrance du Fils et du monde est ancrée dans la Trinité elle-même* »[206]. Ainsi, pour Jean Baptiste Metz, le salut exprimé dans la figure du Christ mort et vaincu, s'oppose efficacement au déni du sujet, principe de toute violence. L'une des affirmations les plus radicales et les plus interpellantes des analyses de Metz au service de la pastorale de la non-violence est sans doute la critique d'une logique de la violence et de la haine, selon laquelle la violence ne pourrait jamais être dépassée que par la violence. Cette affirmation est capitale. Elle l'est non seulement parce qu'elle situe le vrai problème de l'Église d'Afrique dans les profondeurs de ce qui se passe en Afrique à l'heure actuelle, mais aussi parce qu'elle rend désormais audible la question de la responsabilité des chrétiens face à la violence.

La non-violence n'est pas la simple négation de la violence, mais une valeur positive en elle-même. Elle est force pour des hommes et des femmes qui, spirituellement convaincus de la valeur de l'être humain et de sa dignité en tant qu'être créé à l'image de Dieu, courageux, vertueusement zélés, se mettent d'une façon active, décisive au service de la justice, de la paix, de l'harmonie intérieure, interpersonnelle, communautaire et sociale. C'est dans ce contexte que l'on peut dire, avec foi, que le

---

[206] J. B. Metz, *La foi dans l'histoire et dans la société*, p.75.

sens de l'histoire humaine réside dans la capacité des hommes et des femmes à résister à la culture de la violence. La non-violence n'est pas le pacifisme ni une simple méthodologie pour les manifestations. Elle n'est pas non plus l'attitude résignée de celui qui, par peur évite la confrontation. Elle est une philosophie de la vie, une méthodologie d'action qui s'est toujours inspirée de profondes convictions morales et religieuses. Elle est l'une des réponses cohérentes face à la spirale de violence qui nous environne. La non-violence, sous sa forme active, est un engagement personnel, un style de vie et une méthodologie pour le changement social.

Pour Jean-Yves Calvez, la non-violence « *a pour équivalent la parole juste, l'activité juste et les moyens d'existence justes. La "parole" juste s'oppose au mensonge, à la calomnie, aux paroles grossières, frivoles ou oiseuses* ». Par conséquent, « *"L'action juste" évite le meurtre, le vol et la luxure qui sont les trois mauvais comportements impliquant le corps. Ne pas tuer ne fait pas seulement songer à l'interdiction d'attenter à la vie d'autrui dans l'exercice quotidien ; le précepte pose aussi la question de la guerre* »[207]. Au fond, la non-violence est l'actualisation dans l'histoire et la réalisation dans le monde de l'exigence la plus profonde de la conscience humaine. Cette exigence est exprimée par le commandement : « Tu ne tueras pas ». Le mot « non-violence » est chargé de l'histoire des combats menés par Gandhi, Martin Luther King et bien d'autres, pour les droits de l'Homme.

---

[207] Jean-Yves Calvez, *Entre violence et paix, la voix des religions*, Paris, Éditions facultés jésuites de Paris, 2005, pp. 56-57.

En outre, le mot « non-violence » est riche de toute une réflexion à la fois philosophique et théologique. Philosophiquement, l'on peut recourir à Socrate, Emmanuel Kant, Emmanuel Lévinas, Paul Ricœur... Au niveau théologique, l'on peut citer : René Coste, les Papes : notamment Jean-Paul II, les théologiens de la libération, entre autres, Gustavo-Gutierrez, Jean-Yves Calvez, Jean-Gosse et Hildegarde-Gosse Myr, etc.

La non-violence, qu'est-ce donc ? À cette question, Gandhi avait répondu que, la non-violence, c'est la force de la vérité, la force de l'amour, la force de l'âme. Au fond, la non-violence est essentiellement tout ce qui épanouit la personne humaine, tout ce qui donne à l'homme toute sa dimension d'homme jusqu'à la dimension divine. La non-violence n'est ni passivité, ni complicité, ni peur, ni lâcheté, mais en aucun cas elle touche les corps. Elle ne procède pas par le mensonge, ni par la torture de l'autre, ni par le chantage, ni par l'exploitation de l'autre. La non-violence vise à toucher et à atteindre essentiellement les structures injustes et les consciences. Détruire le mal sans destruction de la personne est la meilleure façon d'être non-violent. La non-violence est un risque, mais elle est le risque qui donne sens et transcendance à la vie de l'homme. Elle est le risque même de l'espérance. Se former à la non-violence, c'est *construire des repères solides* pour promouvoir la vie, la bonne entente, la paix. C'est en cela que la *non-violence* reçoit sa connotation évangélique, au sens de respect absolu de la personne humaine et de la création.

Autrement dit, la praxis chrétienne en tant que critique de la violence doit aider l'Église à élaborer une pastorale de la non-violence. La non-violence enseignée par Jésus doit inspirer le comportement du chrétien, dans ses relations privées et publiques, d'où la participation des chrétiens à l'œuvre politique de la paix.

3.3.2. L'« Église du peuple » comme communauté engagée dans l'action politique pour la paix

L'esquisse d'une théologie politique et la définition de l'Église comme institution critique de la société a d'importantes conséquences pour la participation de l'Église et des chrétiens à l'action politique pour la paix[208]. Et cela a trois phases qui s'interpénètrent.

Dans la première phase, le théologien de Münster précise que la paix du Christ, promise d'une manière eschatologique, est une paix pour tous. Les chrétiens doivent collaborer, d'une façon créatrice et critique, à l'action politique et sociale pour la paix. Car « *la paix du Christ eschatologiquement promise est non pas une paix privée, une paix partielle ou séparée, mais la paix pour tous, la paix ouverte à chacun et tout d'abord au plus pauvre, au plus petit*, au plus lointain »[209]. C'est ce principe que la théologie pastorale doit reprendre et renforcer au nom de la foi chrétienne. Elle doit œuvrer pour que les fidèles chrétiens l'inscrivent au plus profond de leurs convictions afin qu'il soit reconnu et respecté comme l'un des principes majeurs de l'engagement politique de l'Église. Cette paix fondée sur la croix du Christ n'est pas la propriété privée d'un groupe, encore moins celle d'une religion. Elle n'est pas la propriété

---

[208] J. B. Metz, *Pour une théologie du monde, op. cit.*, p. 159.
[209] *Idem*.

privée de l'Église. L'Église est là pour faire advenir la paix et combattre, avec passion, toute forme de mépris. Ainsi doit-elle participer, elle-même, d'une façon créatrice, à l'action sociale et politique pour la paix. La paix universelle promise eschatologiquement par le Christ doit se dégager dans une libération critique du travail des chrétiens pour la paix. C'est pourquoi, l'Église doit viser un avenir de paix politique et sociale de tolérance, de pardon et d'expiation.

Le deuxième aspect de la participation des chrétiens à l'œuvre politique de la paix consiste à critiquer l'idée d'une paix sans conflit, à opter pour une dialectique du conflit et de la paix dans l'existence humaine. Les chrétiens servent l'œuvre de paix socio-politique en mettant en garde contre tout romantisme de la paix et en critiquant toute idée d'une paix exempte de conflits comme une utopie idéologique. Pour Metz, « *l'œuvre de paix ne sera pas réalisée par l'élimination des conflits, mais par leur transformation et leur humanisation croissante. Ce réalisme pacifique aide alors à critiquer passionnément la guerre et à la faire cesser* »[210].

Concernant la dernière phase, elle est consacrée à l'initiative de la réconciliation par l'Église. Metz estime que « *l'Église ne doit pas se contenter d'une attitude de critique sociale libératrice. Elle doit prendre l'initiative chaque fois qu'il s'agit de réconciliation* »[211]. Metz va même dire que ce primat de la réconciliation, l'Église doit l'imposer, même à des chrétiens qui ne veulent pas l'accepter. En réalité, pour Metz, la question de la réconciliation doit être perçue et reçue par les chrétiens

---

[210] J. B. Metz, *Pour une théologie du monde,* p. 161.
[211] *Ibid*, p. 162.

comme un impératif catégorique au nom de la suite du Christ. C'est cela l'engagement pratique au service de la société. Dans cette perspective, les chrétiens peuvent participer à l'œuvre politique de justice et de paix dans la société. Et si la vérité, au sens chrétien du terme, est une vérité agissant dans la société, elle doit aider les chrétiens à être capables de changer la vie des hommes pour répondre au projet de Dieu dans l'histoire et dans la société.

Cette assertion est actualisée dans l'exhortation apostolique post-synodale de Benoît XVI, *Africae Munus*, notamment au numéro 149 en ces termes : « *l'Église doit offrir la rencontre avec Jésus aux cœurs meurtris et blessés, en mal de réconciliation et de paix, assoiffés de justice. Nous devons offrir et annoncer la Parole du Christ qui guérit, libère et réconcilie* »[212] les êtres humains.

3.3.3. L'« Église du peuple » comme communauté de sujets acteurs

Contrairement à l'Église pour le peuple qui est une Église paternaliste, l'Église du peuple est une communauté de sujets-acteurs. L'une des caractéristiques majeures du sujet moderne est son sens de la responsabilité vis-à-vis de lui-même mais aussi à l'égard de la société. Le monde moderne est ainsi de plus en plus rempli par la référence à un sujet qui est libre, c'est-à-dire qui pose comme principe du bien le contrôle que l'individu exerce sur ses actions et

---

[212] Benoît XVI, Exhortation apostolique post-synodale, *Africae Munus*, n° 149, Bénin, 2011.

sa situation. Cela lui permet de concevoir et de sentir ses comportements comme des composantes de son histoire personnelle de vie, de se concevoir lui-même comme acteur. Le sujet est la volonté d'un individu d'agir et d'être reconnu comme acteur[213]. Cette brève réflexion sur le sujet peut être éclairante pour la problématique de l'ecclésiologie du peuple de Metz.

La théologie politique de Metz se veut une théologie politique du sujet. En reprenant les mots « sujet », « existence », « personne » qui sont propres au vocabulaire de la modernité engagée dans un « *processus de privatisation et d'embourgeoisement de la religion* »[214], Metz purifie le sens qu'il leur donne. Pour lui, le caractère bourgeois et privé, résultat de l'*Aufklärung* moderne, ne se confond pas avec le sujet (existence, personne) en un sens pertinent, du point de vue religieux et théologique. Il s'agit plutôt de rétrécissement, de régression de cet être-sujet devant Dieu qu'une théologie politique réclame et décrit comme être-sujet solidaire de tous. Cela n'est possible que si la religion ne vient pas conforter, après coup, la constitution du sujet.

L'« Église du peuple », comme communauté de sujets-acteurs, permet aux chrétiens centrafricains de sortir de l'attitude passéiste qui les a caractérisés jusqu'ici. Ce faisant, ceux-ci sont invités à prendre en main le destin de leur pays, sans plus avoir à accuser la France et les autres. Comme le souligne Kä Mana : « *À force de rendre les Occidentaux responsables du mal africain, on risque d'encourager de nouvelles interventions de leur part, qui*

---

[213] Alain Touraine, *Critique de la modernité*, Paris, Fayard, 1994, p. 242. Cité par A. G. Messomo Atéba, *op. cit*, p. 367.
[214] J. B. Metz, *La foi dans l'histoire et dans la société*, p. 65.

sont ou seront aussi néfastes que les anciennes »²¹⁵. Il s'agit pour les chrétiens centrafricains de prendre en charge leur histoire comme la seule chance pour changer le cours des choses. Ils doivent assumer les défis actuels de l'Afrique dans une lucidité critique et sereine, avec une forte volonté de novation concrète des pratiques chrétiennes et des dynamiques de l'action pour le bonheur de tous.

3.3.4. L'engagement de l'Église pour la défense de l'autorité des faibles

L'autorité de ceux qui souffrent est en quelque sorte une autorité qui s'impose par elle-même au sujet. Dans son livre intitulé *Memoria passionis*, Metz insiste sur cette thématique de l'autorité de ceux qui souffrent. Il y développe l'idée que l'Église n'est pas au-dessus de cette autorité dans la mesure où elle lui est soumise. En effet, pour le théologien de Münster, « *il existe une autorité qui s'impose à tous et qui ne dépend pas de l'existence d'un consensus* »²¹⁶. Metz précise encore que « *l'autorité "faible" des souffrants est [...] la seule autorité universelle maintenue dans nos relations mondialisées* »²¹⁷. Cette autorité est jugée « faible » au sens où elle n'a pas d'évidence si l'on ne lui donne pas les moyens d'être entendue.

---

²¹⁵ Kä Mana, *Foi chrétienne, crise africaine et reconstruction de l'Afrique*, Nairobi, Éditions Ceta, 1992, p. 8.
²¹⁶ J. B. Metz, *Memoria Passionis. Un souvenir provocant dans une société pluraliste*, Paris, Cerf, 2009, p. 173.
²¹⁷ *Idem*.

Au fond, cette autorité des faibles attend une reconnaissance. Pour donner la force à cette autorité, il importe que l'Église d'Afrique développe une théologie de la reconnaissance reposant sur la pratique de la compassion envers les non-chrétiens, les musulmans. Et si l'Église catholique d'Afrique ne donne pas ce témoignage pastoral, elle risque de devenir une institution privée, repliée sur elle-même. C'est aussi pour l'Église le moment favorable de vivre la réalité de l'amour de Dieu, en sachant que l'amour de Dieu ne peut jamais être détaché de l'amour du prochain, et inversement. Mais en sa signification profonde : La foi chrétienne tient la proximité de Dieu et la proximité de l'homme pour des aspects parallèles d'un événement unique, où l'humanité du Christ est la révélation et la garantie de la présence immédiate du Père éternel Lui-même. C'est pourquoi, l'amour du prochain ne diffère pas de l'amour de Dieu : cet amour n'est en somme que la face orientée vers le monde et les hommes de l'amour pour Dieu : « *les deux amours, celui que nous vouons au prochain et celui que nous vouons à Dieu sont identiques originairement. C'est en cela que réside le caractère spécifique unique et enthousiasmant du message chrétien* »[218] pour le bonheur de tous.

La capacité d'entendre celui qui souffre est portée par l'amour de Dieu. Ainsi, en s'appuyant sur une raison anamnétique, l'Église doit entendre les souffrances oubliées du peuple et les rendre pastoralement audibles.

La praxis chrétienne de la reconnaissance de la souffrance des autres est nourrie par la foi qui est indissociablement mystique et politique. C'est une tâche

---

[218] J. B. Metz, *L'Avent de Dieu*, Paris, Éditions de l'EPI, 1967, pp. 86-87.

pastorale propre à l'Église constituée d'hommes et de femmes de foi chargés de transmettre une espérance à travers un engagement concret dans une société donnée. Comme porteuse d'une espérance pour tous, l'Église ne peut pas se retirer de la tension entre mystique et politique dans une pensée mythique éloignée de l'histoire. La foi chrétienne comprend une composante qui est dirigée vers la justice universelle. Elle est à la fois mystique et politique : mystique parce qu'elle n'abandonne pas la perspective du salut des souffrants ; politique, parce qu'elle s'engage toujours à nouveau pour la justice parmi les vivants.

En renonçant à assumer l'entrelacement de la mystique avec le politique, l'Église se couperait de sa mission pastorale la plus essentielle. Ainsi, opter pour une pastorale de la défense de l'autorité des faibles, c'est permettre à l'Église de contribuer à donner une place aux peuples qui sont sans voix et sans lieu en Afrique. Car, reconnaître autrui qui souffre, c'est entendre l'appel de Dieu en tant qu'impératif chrétien de ne pas laisser souffrir l'autre.

3.3.5. Pour une éthique de la compassion dans l'Église d'Afrique

Metz comprend sa théologie politique comme un travail visant à favoriser le témoignage des trois vertus théologales : la foi, l'espérance et la charité[219]. Certes, Metz n'est pas un théologien moraliste ; il n'a développé

---

[219] J. B. Metz, « Entretien entre les pères Rahner et Metz », *in* Yves Congar, *Sept problèmes capitaux de l'Église*, Paris, Fayard, 1969, p. 50.

aucune une éthique des vertus pour l'engagement politique de l'Église mais il est attaché à la mise en valeur de certaines vertus qui illustrent la pratique chrétienne de la compassion, de l'espérance, de la charité. Dans cette analyse, nous nous limiterons à la valeur mystique de la compassion qui est très importante pour la mission politique de l'Église, en contexte de crise.

Depuis la fin des années 1990, la notion de « *compassion* »[220] est présente dans l'œuvre de Metz. La compréhension de la compassion a son fondement dans la tradition biblique à laquelle le théologien découvre une mystique de la compassion. La mystique de la compassion est une mystique politique dans le sens où elle ouvre le regard sur les détresses et les injustices dans le monde. « *Jésus n'enseigne pas une mystique des yeux fermés avec tout le respect pour les Bouddha et la spiritualité extrême-orientale, mais une mystique des yeux ouverts, une mystique du devoir inconditionnel de prendre en compte la souffrance d'autrui* »[221]. Jésus Lui-même vivait cette mystique dans la mesure où son premier mouvement était suscité par sa sensibilité à l'égard de la souffrance des autres, avant même toute considération.

La mystique de la compassion est liée directement au mystère de la Passion. Metz considère, en effet, que cette pratique rejoint le Christ souffrant. Dans cette optique, la pratique de la suite du Christ dépend de la capacité du sujet à faire mémoire des victimes présentes et passées pour retrouver une vraie espérance pour tous. Ainsi, la compassion apparaît comme un élément central pour

---

[220] J. B. Metz, *Memoria Passionis. Un souvenir provocant dans une société pluraliste*, p. 264.
[221] *Ibid*, p. 177.

l'Église d'Afrique vis-à-vis de ceux qui souffrent, même s'ils ne partagent pas la foi catholique. La compassion permet à l'Église locale de manifester concrètement le sens de la vie évangélique dans un langage plus significatif de la charité envers autrui.

La mystique de la compassion exige à son tour une éthique de la compassion. « *L'éthique de la compassion met en évidence une égalité fondamentale des êtres humains en raison de leur vulnérabilité et de leur responsabilité, tout en instaurant une relation asymétrique de reconnaissance à l'égard de celui qui souffre* »[222]. Cette approche peut être bénéfique pour le dialogue interreligieux. Au-delà des doctrines propres à chaque religion, tout homme de bonne volonté peut accepter cette vérité qui s'impose à tous : « *Il n'y a aucune souffrance dans le monde qui ne nous concerne pas* »[223]. En résumé, la mystique de la compassion implique l'hospitalité envers l'autre, c'est une remise en cause des images que l'on se fait des autres.

3.3.6. L'enjeu du pacifisme pour l'Église d'Afrique

Jean Baptiste Metz n'a pas élaboré une réflexion systématique sur le pacifisme. Toutefois, au cours de notre recherche sur la vision de l'Église selon sa théologie politique, nous avons trouvé chez lui une réflexion intéressante sur la paix. Il n'aurait pas exclu, dans les

---

[222] J. B. Metz, *Memoria Passionis. Un souvenir provocant dans une société pluraliste*, p. 170.
[223] *Ibid*, p. 177.

premières années de sa carrière de théologien, la possibilité de recourir à la violence dans le cadre de la révolution d'un peuple opprimé. Refusant qu'on érige la violence en principe légitime, Metz admet que la théologie politique doit avoir une réflexion responsable sur l'emploi de la violence dans certaines circonstances historiques déterminées.

La violence demeure une stratégie à éviter : « *On ne peut y consentir (comme à toute souffrance en général) qu'en vue d'empêcher la misère et l'injustice chez les autres* »[224]. La violence peut donc être légitime s'il s'avère qu'aucune alternative ne se présente pour atteindre cette finalité. Mais, la tradition biblique n'est pas unanime sur cette question. L'on se réfère souvent à la parole de Jésus pour fonder un pacifisme radical : « *Si quelqu'un te frappe sur la joue droite, tends-lui aussi la joue gauche* (Lc 6, 29) ». Une telle phrase n'est pas sans créer de l'embarras surtout chez ceux qui sont confrontés à la gestion des conflits dans les Églises locales. Ceci devient plus compliqué encore lorsqu'il s'agit des conflits armés. Aux défenseurs d'un tel pacifisme, Jean Baptiste Metz pose cette question capitale : « *Si j'aperçois un autre que moi frappé sur la joue droite, quelle est la conduite à tenir ? M'est-il permis de demeurer un pur spectateur, de consentir à ce que lui, l'autre, soit frappé aussi sur la joue gauche*[225] ? »

La responsabilité à l'égard d'autrui, fondée sur la charité chrétienne, commande de réagir en faveur de la liberté des autres. Un refus de l'usage de la force peut être

---

[224] J. B. Metz, « Entretien entre les pères Rahner et Metz », *In* Yves Congar, *Sept problèmes capitaux de l'Église*, p. 54.
[225] *Ibid*, p. 55.

une indifférence peu évangélique. Le danger tient à la privatisation de la vertu théologale de charité, en la plaçant exclusivement dans une relation interpersonnelle, oubliant par-là les structures sociales qui ont une répercussion sur les hommes et les femmes qui ne sont pas dans une situation de proximité immédiate. Dans un souci de déprivatisation de la charité, il convient de dire que ce sont des peuples qui attendent une action solidaire de la part des chrétiens responsables. Le devoir de réconciliation avec ceux qui sont offensés s'étend à l'ensemble des personnes en situation de misère.

En outre, la tradition évangélique de l'amour du prochain doit s'entendre, non seulement dans le sens d'une charité sur le plan de la rencontre entre les personnes, mais aussi en termes de justice pour les autres. Ainsi, non seulement la violence n'est pas compatible avec l'amour du prochain, mais cet amour s'oppose au « *schéma "ami-ennemi", car étant "amour de l'ennemi", il oblige à intégrer l'adversaire lui-même à sa propre espérance* »[226]. Par ailleurs, la charité contient aussi un principe d'action qui peut prendre la forme d'une violence révolutionnaire pour libérer autrui de la souffrance. Metz écrit à ce sujet : « *Lorsqu'un état social implique une somme d'injustices aussi grande que celle qu'entraînerait éventuellement son renversement révolutionnaire, alors une révolution pour la justice et pour la liberté "des plus petits d'entre les frères" peut ne pas être interdite, au nom de cet amour* »[227] au sens chrétien du terme.

Au sujet de la légitimité de la violence révolutionnaire, Metz souligne une ambigüité de la tradition catholique.

---

[226]J. B. Metz, *Pour une théologie du monde, Op. Cit.*, p. 139.
[227]*Ibid*, p. 140.

D'un côté, la théologie morale accepte la thèse de la « guerre juste », alors qu'elle considère la violence révolutionnaire avec beaucoup d'hésitation. L'Église a trop souvent pris le parti de soutenir les pouvoirs établis, généralement perçus comme voulus par Dieu. Mais, « *on n'a jamais pris en considération le cas de situations tragiques qui peuvent autoriser une révolution contre le règne de structures injustes* »[228]. Avec cette note, l'on comprend que Metz appelle à une lutte contre les structures sociales injustes, à une relativisation de l'idée de souveraineté au nom du principe démocratique.

Devant cette assertion de Metz par rapport à l'autorisation d'une révolution contre le règne de structures injustes, il faut être prudent. L'avènement du Royaume de Dieu, qui est un Royaume d'amour et de liberté et qui ne peut s'étendre que par les voies de l'amour et de la liberté pour tous, doit se méfier des excès de liberté. Le recours à la violence n'est pas toujours une solution durable pour la paix. Il faut opter pour le dialogue dans la reconnaissance de l'autre.

Ce parcours rapide des enjeux de l'ecclésiologie politique pour l'engagement de l'Église d'Afrique nous a permis de cerner les défis posés à l'Église. Ce faisant, nous avons tenté de voir comment Jean Baptiste Metz a essayé de relever ces défis. Certes, d'une époque à l'autre, la question de la mémoire blessée du peuple se pose et invite les théologiens à proposer des éléments de réponse clairs. L'analyse des enjeux ecclésiologiques nous a permis de cerner la profondeur de la réflexion du théologien de Münster et son actualité pour l'Église

---

[228] J. B. Metz, « Entretien entre les Pères Rahner et Metz », *In* Yves Congar, *Sept problèmes capitaux de l'Église*, p. 55.

d'Afrique qui traverse actuellement un moment difficile de son histoire. Du point de vue théologique, Metz nous aide à comprendre que la foi chrétienne a une composante mystique et politique. La foi chrétienne est mystique parce qu'elle n'abandonne pas l'optique du salut des souffrants. Elle est politique, parce qu'elle s'engage toujours à nouveau pour la justice parmi les vivants. Du point de vue ecclésiologique, Metz nous fait découvrir que l'Église peut contribuer à donner une place à ceux qui sont sans voix. Sur le plan pastoral, il défend la thèse selon laquelle les chrétiens doivent collaborer, d'une façon créatrice et critique, à l'action politique et sociale pour la paix. Un tel programme mérite bien d'être actualisé dans une Église locale.

Conclusion

« La mission politique de l'Église et des chrétiens : *Enjeux des intuitions de Jean Baptiste Metz pour l'engagement social de l'Église en Afrique* ». Tel était l'objet de notre étude. La trajectoire réflexive de ce sujet est en adéquation avec notre problématique de départ : quelle est la pertinence de l'ecclésiologie politique de Metz aujourd'hui ? Autrement dit, quels sont les enjeux de l'« *Église du peuple* » pour l'engagement politique de l'Église en Afrique ? Cette problématique nous a amené à aborder quatre points : l'univers théologique de Jean Baptiste Metz (chapitre 1), l'ecclésiologie politique de Metz (chapitre 2) et les enjeux de l'ecclésiologie politique de Metz pour l'Église d'Afrique (chapitre 3).

Le parcours que nous avons effectué est un essai de compréhension de l'ecclésiologie politique de Metz dans *La foi dans l'histoire et dans la société*. Cet essai nous a permis de définir l'« *Église comme une communauté qui témoigne et communique publiquement un souvenir dangereux de liberté* »[229]. L'Église est une communauté du souvenir qui « *s'interprète théologiquement comme memoria passionis, mortis et resurrectionis Jesu Christi* »[230]. Cette définition comporte deux dimensions: la première partie de la mémoire pascale pour inviter tous les membres de l'Église à prendre en charge la mémoire de la souffrance de tous. Elle nous rappelle que « *avoir les yeux fixés sur Jésus, c'est apprendre à s'ouvrir, c'est apprendre à visiter d'autres lieux de mémoire, c'est apprendre à*

---

[229] J. B. Metz, *La foi dans l'histoire et dans la société*, p. 109.
[230] *Idem*.

faire de l'hospitalité à l'égard de l'étranger comme la forme même du langage chrétien»[231]. La deuxième dimension plaide pour un passage du modèle d'« Église *pour le peuple* », trop paternaliste et intellectuelle au modèle d'« *Église du peuple* », une Église des sujets-acteurs devant Dieu et dans la société. Cette assertion metzienne permet de corriger l'image de l'Église. Parce que « *aux yeux du peuple, l'Église est un magasin qui appartient à l'évêque et aux prêtres, où les hommes achètent de la marchandise divine* »[232] de leurs choix.

Partant de cette vision, nous avons montré que l'ecclésiologie de Metz peut permettre d'explorer des pistes théologiques, ecclésiologiques et pastorales pour l'engagement politique de l'Église en Afrique.

Sur le plan théologique, le statut de la foi dans l'«Église du peuple» peut aider l'Église en Afrique à rendre compte de l'espérance chrétienne dans l'histoire et la société centrafricaine. La pratique de la foi doit conduire les chrétiens à vivre davantage leur foi comme une expérience interprétative de l'Église dans l'aujourd'hui de l'Afrique. Les vérités de foi que les chrétiens africains trouvent dans la Parole de Dieu demandent sans cesse à être actualisées en fonction du contexte socio-historique, politique, économique et culturel du pays. C'est à cette condition que la suite du Christ sera pour le chrétien centrafricain une vie créatrice d'avenir. Le chrétien africain est ce pauvre-souffrant que le Christ est venu rejoindre dans sa kénose (Ph 2). Et si le Christ s'identifie au pauvre, c'est

---

[231] Joseph Caillot, « De la fécondité du faire mémoire chrétien », in *Revue d'éthique et de théologie morale*, Paris, Cerf, 2011, p. 180.
[232] *Ibid*, p. 163.

pour ouvrir un horizon nouveau à celui qui subit le mal, et faire de lui un sujet acteur de l'histoire.

Ecclésiologiquement, la lecture de Metz peut permettre à l'Église en Afrique de promouvoir « une culture de l'anamnèse vivifiante ». Ce dispositif théologique peut aider à plaider pour une valorisation de « l'autorité de tous ceux qui souffrent », dans la mesure où l'Église locale est le lieu par excellence de la célébration de cette anamnèse et du développement d'une culture de l'anamnèse.

Du point de vue pastoral, l'ecclésiologie politique de Metz offre de nouvelles pistes pour la participation de l'Église et des chrétiens africains à l'action politique pour la paix. Et cela s'observe à trois niveaux. Le premier niveau est une exhortation selon laquelle : « *Les chrétiens doivent collaborer, d'une façon créatrice et critique, à l'action politique et sociale pour la paix. L'Église est là pour la paix [...] et combattre avec passion toute forme de mépris* »[233]. Cette assertion peut être un principe de théologie pastorale pour l'Église en Afrique. Elle lui permet de s'engager à fond dans la lutte contre toutes les formes de mort qui recèlent la mémoire collective du peuple. Le deuxième niveau ne concerne pas « *l'élimination des conflits* », mais « *leur transformation et leur humanisation* »[234]. S'agissant de l'initiative de la réconciliation : « *L'Église ne doit pas se contenter d'une attitude de critique sociale libératrice. Elle doit prendre l'initiative chaque fois qu'il s'agit de réconciliation* »[235] pratique. C'est ici que les chrétiens africains peuvent devenir des sujets-acteurs de leur

---

[233] J. B. Metz, *Pour une théologie du monde, op. cit.*, p. 159.
[234] *Ibid*, p. 161.
[235] *Ibid*, p. 162.

histoire, des personnes responsables, des bâtisseurs d'une société nouvelle comme le Christ en son temps. C'est sur cette base que l'Église, en tant qu'institution a la fonction positive de rendre concrète et efficace toute critique sociale valide, toute critique politique créatrice, puisqu'elle doit prendre au sérieux la promesse de « nouveaux cieux et d'une nouvelle terre, et d'un foyer de justice » (2 P 3, 13).

Bibliographie

1. Les sources

1.1. Sainte Écriture

Bible TOB intégrale

Bible de Jérusalem

1.2. Les documents du Magistère

Concile Vatican II, *Les seize documents conciliaires,* Montréal, Fides, 1967.

Benoît XVI, Exhortation apostolique post-synodale, *Africae Munus*, Abidjan, Saint-Paul, 2011.

Paul VI, Exhortation apostolique, *Evangelii Nuntiandi*, 8 décembre 1975. Paris, *Édition*s Parole et Silence, 1975.

Jean-Paul II, Lettre encyclique, *Redemptoris Missio,* 7 décembre 1990. Rome, Pontificia Università Gregoriana, 2012.

François, Exhortation apostolique, *Evangelii Gaudium*, 24 novembre 2013, Abidjan, Éditions Pauline, 2014.

2. LES OUVRAGES DE JEAN BAPTISTE METZ

2.1. Les ouvrages de Jean Baptiste Metz

Metz Jean Baptiste, *L'Avent de Dieu*, Paris, Éditions de l'EPI, 1967.

Metz Jean Baptiste, *Pour une théologie du monde*, Coll. Cogitatio Fidei, Paris, Cerf, 1971.

Metz Jean Baptiste, *La foi dans l'histoire et dans la société*, Coll. Cogitatio Fidei, Paris, Cerf, 1979.

Metz Jean Baptiste, *Un temps pour les ordres religieux ? Problèmes de vie religieuse*, Paris, Cerf, 1981.

Metz Jean Baptiste, *Memoria Passionis. Un souvenir provocant dans une société pluraliste*, Paris, Cerf, 2009.

2.2. Les ouvrages en collaboration

Metz Johann Baptist Metz et Wiesel, *Espérer envers et contre tout*, Paris, Salvator, 2012.

Metz Jean Baptiste, « Entretien entre les pères Rahner et Metz », *In* Yves Congar, *Sept problèmes capitaux de l'Église*, Paris, Fayard, 1969.

2.3. Les ouvrages sur la pensée de Metz et sur la théologie politique

Materne Pierre-Yves, *Condition de disciple. Éthique et politique chez J. B. Metz et S. Hauerwas*, Paris, Cerf, 2013.

Messomo Ateba Augustin Germain, *Enjeu de la seconde évangélisation de l'Afrique noire. «Mémoire blessée» et «Église du peuple»,* Paris, L'Harmattan, 2005.

Xhaufflaire Marcel, *La « Théologie politique »*, Coll. Cogitatio Fidei, Paris, Cerf, 1972.

Schlegel Jean-Louis, *Théologie politique*, Paris, Gallimard, 1988.

3. LES AUTRES OUVRAGES

Caygill Howard, *Levinas and the political*, London, Routledge, 2002.

Chauvet Louis-Marie, *Symbole et sacrement. Une relecture sacramentelle de l'existence chrétienne*, Paris, Cerf, 2008.

Chenu Marie-Dominique, *Peuple de Dieu dans le monde*, Paris, Cerf, 1966.

Congar Yves, *Autonomie et pouvoir central dans l'Église*, Paris, Irénikon, 1980.

Ela Jean Marc, *Le cri de l'homme africain*, Paris, L'Harmattan, 1980.

Elikia, M'bokolo, *Afrique noire : histoire et civilisation*, Paris, UREF, 1992.

Geffré Claude, *De Babel à Pentecôte. Essais de théologie interreligieuse*, CF 247, Paris, Cerf, 2006.

Geffré Claude, *Le christianisme au risque de l'interprétation*, Paris, Cerf, 1988.

Gibellini Rosino, *Panorama de la théologie au XXe siècle*, Paris, Cerf, 1994.

Hans Urs von Balthasar, *La gloire et la croix*, t.III, *Styles de Jean de la croix à Péguy,* Paris, Cerf, 1972.

Joulin Marc, *Petite vie de saint Dominique*, Paris, Desclée de Brouwer, 1989.

Kä Mana, *Foi chrétienne, crise africaine et reconstruction de l'Afrique*, Nairobi, Éditions Ceta, 1992.

Meinrad Hebga, *Les prêtres noirs s'interrogent*, Paris, Cerf, 2^{em} édition, 1957.

Ngoupandé Jean-Paul, *L'Afrique sans la France*, Paris, Albin Michel, 2002.

Ngoupandé Jean-Paul, *Les racines historiques et culturelles de la crise africaine*, Abidjan, Éditions UCAO, 2006.

Nwanama Galumbulula Félicien, *Le dynamisme missionnaire de l'Église locale dans la missiologie postconciliaire de J. Masson et A. Seumois. Une contribution à l'éveil missionnaire,* Rome, Pontifica Universita Gregoriana, 1996.

Pelchat Marc et Robitaille Demis, *Ni curés ni poètes : Les laïques en animation pastorale*, Paris, Éditions Paulines, 1993.

Rahner Karl, *Mission et grâce*, I, Paris, Mame, 1962.

Rigal Jean, *Le mystère de l'Église*, Paris, Cerf, 1992.

Souletie Jean-Louis, *La crise, une chance pour la foi*, Paris, Les Editions de l'Atelier, 2002.

Tédga Jean Paul, *Afrique éducation. Centrafrique : l'imam, l'archevêque et le révérend pasteur : aidez-nous*, n° 381, 2013.

Thomas d'Aquin, *Somme théologique*, Paris Cerf, 1988.

Tillard Jean-Marie Roger, *L'Église locale : Ecclésiologie de communion et catholicité,* Paris, Cerf, 1995.

Touraine Alain, *Critique de la modernité,* Paris, Fayard, 1994.

Vial-Andru Mauricette, *L'alouette du Seigneur. Saint François d'Assise,* Paris, Collection « Les sentinelles », 2000.

Villmin Laurentin, « Le diocèse est-il une Église locale ou une Église particulière ? Quel est l'enjeu de ce vocabulaire ? », in *Le ministère des évêques au Concile Vatican II et depuis ? Hommage à Mgr Guy Herbulot,* Paris, Cerf, 2001.

Eicher Peter, *Dictionnaire de théologie,* Paris, Cerf, 1988.

Lacoste Jean-Yves, *Dictionnaire critique de théologie,* Paris, Quadrige/ Puf, 2007.

4. LES REVUES ET ARTICLES

4.1. L'article de Jean-Baptiste Metz

Metz Jean Baptiste, « Théologie politique et liberté critico-sociale », *Concilium* 36, 1968.

4.2. Les autres articles

Caillot Joseph, « De la fécondité du faire mémoire chrétien », in *Revue d'éthique et de théologie morale,* Paris, Cerf, 2011.

Durand Alain, « Option prioritaire et réflexion théologique », in C. Royon et R. Philibert, *Les pauvres, un défi pour l'Église : Séminaire de recherche de la Faculté de Théologie de l'Institut d Catholique de Lyon*, Paris, Atelier, 1994.

Lavalette Henri, « La modernité théologique de l'Aufklärung selon J. B. Metz », in *Recherches de science religieuse*, Paris, 1985.

Schillinger Laurent, « A la recherche de Dieu. Une étude en Alsace Mulhouse », In *Le point théologique*, n° 53, Paris, Beauchesne, 1989.

Table des matières

PREFACE -- **9**
INTRODUCTION --- **13**

CHAPITRE 1 : L'UNIVERS THEOLOGIQUE DE JEAN BAPTISTE METZ -- **17**
1.1. De l'émergence au procès de la théologie politique de Metz----18
1.1.1. Les deux tâches de la théologie politique de Metz --------------- 20
1.1.2. Synthèse de la discussion sur la théologie politique de Metz -- 23
1.1.3. Le sens du message eschatologique dans la société et le primat apocalyptique-- 26
1.1.4. L'exigence théologique de l'espérance créatrice ----------------- 29
1.1.5. Le caractère pratique de la théologie politique de Metz -------- 30
1.2. La théologie politique, une théologie de l'engagement dans le monde -- 31
1.2.1. Le support christologique de la théologie du monde ------------ 32
1.2.2. Le nouveau paysage des rapports Église-monde selon Metz--- 34
1.2.3. La théologie politique comme théologie de l'engagement dans le monde -- 35
1.2.4. La compréhension du monde à partir de la foi-------------------- 36
I.2.5. Le rôle de la foi chrétienne dans un monde mondanisé--------- 38
1.3. Les catégories de la théologie politique de Metz ------------------41
1.3.1. La mémoire comme première catégorie de la théologie politique-- 42
1.3.2. Le récit comme deuxième catégorie de la théologie politique - 45

1.3.3. La solidarité comme troisième catégorie de la théologie politique ------ 47

1.3.4. La réserve eschatologique ------ 49

1.3.5. Eschatologie critique, productive et différence eschatologique ------ 51

CHAPITRE 2 : L'ECCLESIOLOGIE POLITIQUE DE JEAN BAPTISTE METZ ------ 55

2.1. Analyse du concept d'« Église du peuple » ------ 56

2.1.1. Précision sémantique des notions de « peuple », « peuple de Dieu », « Église du peuple » ------ 57

2.1.2. Le procès de l'« Église pour le peuple » et le constat d'un schisme ------ 62

2.1.3. Les critiques de Metz à l'ecclésiologie de Vatican II ------ 64

2.1.4. L'ecclésiologie politique dans l'horizon de la « réserve eschatologique » ------ 66

2.2. L'ecclésiologie politique de Metz ------ 68

2.2.1. L'Église et la souffrance du peuple ou le prix de l'orthodoxie ------ 68

2.2.2. Des exemples d'« Églises du peuple » : Dominique de Guzman et François d'Assise ------ 72

2.2.3. La pertinence ecclésiologique de l'articulation « théologie et peuple » ------ 75

2.2.4. Vision d'une Église mondiale comme « Église du peuple » ------ 78

2.2.5. « Église du peuple » comme communauté centrée sur la mémoire, le récit et la solidarité ------ 81

2.3. Pertinence et limites de l'ecclésiologie politique de Metz ------- *83*

2.3.1. Pertinence de l'« Église du peuple » comme communauté d'une mémoire dangereuse de liberté ------------------------------------ 84

2.3.2. Pertinence de l'« Église du peuple » comme Église de la compassion débarrassée de la mentalité de secte ------------------------ 85

2.3.3. Pertinence de l'« Église du peuple » et charisme de l'autorité - 90

2.3.4. L'ambiguïté de l'« Église du peuple » comme limite inhérente à l'ecclésiologie metzienne ------------------------------------ 93

2.3.5. Oubli d'une exégèse de la Constitution pastorale Gaudium et Spes comme limite de l'ecclésiologie metzienne ----------------------- 96

CHAPITRE 3 : ENJEUX DE L'ECCLESIOLOGIE POLITIQUE DE JEAN BAPTISTE METZ POUR L'ÉGLISE EN AFRIQUE -------------------------------------- 105

3.1. Enjeux théologiques de l'Église du peuple ---------------------- *106*

3.1.1. Enjeu de la foi dans l'Église du peuple -------------------------- 106

3.1.2. Enjeu d'une articulation de la foi chrétienne avec la mémoire du peuple -- 110

3.1.3. Enjeu de la suite du Christ selon la théologie de Jean Baptiste Metz -- 112

3.1.4. L'articulation de la Kénose du Christ et de la pauvreté anthropologique du chrétien africain ------------------------------------ 114

3.1.5. Enjeu du salut eschatologique du peuple africain --------------- 116

3.2. Rappel de deux principes essentiels de l'ecclésiologie de communion -- *117*

3.2.1. La pleine communion entre l'Église locale et l'Église universelle --- 118

3.2.2. L'Église locale, lieu de réalisation de l'Église universelle ---- 121

3.2.3. Enjeux ecclésiologies spécifiques de la théologie metzienne pour l'Église d'Afrique -- 123

3.2.4. Enjeu d'une Église à la hauteur de son époque ------------------ 126

3.3. Enjeux pastoraux de la théologie metzienne en Afrique ------ 127

3.3.1. La praxis chrétienne comme critique de la violence ------------ 128

3.3.2. L'« Église du peuple » comme communauté engagée dans l'action politique pour la paix --- 131

3.3.3. L'« Église du peuple » comme communauté de sujets acteurs 133

3.3.4. L'engagement de l'Église pour la défense de l'autorité des faibles -- 135

3.3.5. Pour une éthique de la compassion dans l'Église d'Afrique -- 137

3.3.6. L'enjeu du pacifisme pour l'Église d'Afrique ------------------- 139

CONCLUSION-- 145
BIBLIOGRAPHIE --- 149
TABLE DES MATIERES-- 155

Religion

aux éditions L'Harmattan

Dernières parutions

DE L'AMITIÉ À L'EUCHARISTIE
Un aller-retour
Gainsi Grégoire-Sylvestre
L'amitié reste le meilleur don que les êtres puissent s'offrir. Mais les questions principales qui se posent sont bien celles-ci : Qu'est-ce qui fonde réellement l'amitié et la rend durable et éternelle ? Qu'est-ce qui fait que l'amitié demeure cette relation humaine qui porte les autres relations sociales à un niveau plus assumé et plus fort ? Il a fallu aller chercher la réponse dans deux cultures du Bénin en Afrique de l'Ouest. Une étude sociologique, anthropologique, philosophique et théologique de l'amitié fait alors découvrir le lien fort de l'amitié chrétienne avec l'Eucharistie.
(Coll. Religions et Spiritualité, 21.00 euros, 206 p.)
ISBN : 978-2-343-13416-1, ISBN EBOOK : 978-2-14-005401-3

HOMÉLIES (1952-1973)
Textes rassemblés et présentés par Denise Enjalbert Maucler et Philippe Oliviéro – Préface de Jean-Louis Bancel
Cet ouvrage présente les homélies et quelques textes de circonstance écrits par Albert Enjalbert, prêtre chrétien du temps de Vatican II, tout au long de sa formation et de son ministère de prêtre catholique, de prêtre ouvrier, puis de prêtre marié. Ces textes font la mémoire de ce qui fut le sens de toute une vie au service de l'Évangile, quelles qu'en soient les formes qu'elle a successivement prises.
(30.00 euros, 296 p.)
ISBN : 978-2-343-12527-5, ISBN EBOOK : 978-2-14-005297-2

L'ISLAM FACE AUX PRÉOCCUPATIONS DES MUSULMANS
Points de vue
Dème Ismaila - Préface du Pr Abdoulaye Elimane Kane
Intellectuel prudent et attaché à sa foi, Ismaila Dème propose une réflexion sur quelques sujets qui constituent une préoccupation des Sénégalais tels que le terrorisme, la mendicité... De plus, il nous invite à redécouvrir l'héritage de deux illustres hommes de Dieu, fiertés du Sénégal : Cheikh Ahmadou Bamba et Cheikh Ahmed Tidiane Sy Al-Maktoum.
(Harmattan Sénégal, 12.00 euros, 90 p.)
ISBN : 978-2-343-13311-9, ISBN EBOOK : 978-2-14-005260-6

DISCÍPULOS DEL VIVIENTE – Crónicas de una Invitación a la Vida
Tomo 8
Trubert Yvonne - Prefacio de Maria Isabel Waddington Achatz
Este libro constituye el octavo tomo de las entrevistas que Yvonne Trubert concedió al "Libro de Invitación a la Vida", revista de esta asociación epónima. A través de temas como el Cuerpo, el Regreso de Cristo, el Invisible, Servir, la Transformación, la Muerte, Yvonne Trubert nos invita a emprender el camino de la transformación interior. Invitándonos a encontrarnos con nosotros mismos y con los demás, ella nos incita a la conversión, es decir, a cambiar de estado de espíritu, para que el amor y la alegría se conviertan en los signos exteriores de nuestra fe.
(15.50 euros, 142 p.)
ISBN : 978-2-343-13714-8, ISBN EBOOK : 978-2-14-005319-1

LA LAÏCITÉ EN QUESTION
Ake Patrice Jean
Le mot laïcité est une nouveauté pour la conscience moderne et qui apparaît dans les débats parlementaires, sous la dénomination d'école laïque, d'attitude laïque, de morale laïque. Ce néologisme est nécessaire, comme l'est aussi la crise que subit le concept. L'histoire intérieure de la France n'est-elle pas l'histoire d'une incessante sécularisation, la longue histoire de la laïcisation où sont séparés l'Église et l'État ? Mais pouvons-nous concevoir une école sans Dieu ou une école sans morale ?
(Coédition CRISHS Univ. F. H. Boigny, Coll. La palabre, 16.50 euros, 150 p.)
ISBN : 978-2-343-13441-3, ISBN EBOOK : 978-2-14-005057-2

LA JUSTICE ADMINISTRATIVE DE L'ÉGLISE CATHOLIQUE
Vue de la France et de l'Afrique
Ducass Alain
Après que le Concile précise les droits et obligations des fidèles catholiques, le pape Paul VI crée la seconde section du Tribunal suprême de la Signature apostolique le 15 août 1967. L'année 2017 marque donc le jubilé de la justice administrative de l'Église catholique, mais qui la connaît ? Cet ouvrage a pour objectif de rappeler à la hiérarchie de l'Église et aux fidèles catholiques leurs droits et obligations respectifs ainsi que de contribuer à la justice sociale en promouvant la justice administrative de l'Église.
(29.00 euros, 372 p.)
ISBN : 978-2-343-13407-9, ISBN EBOOK : 978-2-14-005115-9

ET SI DIEU ÉTAIT NOIR ?
Nkulu Kabamba Olivier
Dans cet essai, avec les outils intellectuels qui sont les siens, l'auteur répond à la question soulevée par une jeune étudiante africaine : «Et si Dieu était noir ?» Il se positionne comme chrétien noir-africain, philosophe croyant, prêtre et théologien catholique, et conclut en disant : «humblement, j'ai toujours cru et imaginé que Dieu est noir». Pour l'auteur, il appartient à chaque croyant de se faire une représentation de Dieu qui le rapproche le plus de Lui Dieu.
(16.50 euros, 152 p.)
ISBN : 978-2-343-13216-7, ISBN EBOOK : 978-2-14-005160-9

OUVRIR DES PISTES À L'INFINI DE DIEU
Mélanges pour François Kabasele Lumbala
Kalamba Nsapo et Miki-Marcel Anganga
Cet ouvrage est un collectif d'hommage à Fr. Kabasele Lumbala, prêtre du Congo RDC et théologien spécialiste en liturgie, pour ses 70 ans et sa retraite d'enseignant d'université. Ces Mélanges retracent, en 15 contributions, les parcours pastoral, intellectuel et scientifique de ce chercheur africain, ainsi que son apport à l'Église d'Afrique et d'ailleurs en Anthropologie des rites, Catéchèse, Enseignement, Histoire des religions, Liturgie et Inculturation. Ils sont une attestation formelle de l'infini de la recherche scientifique.
(Coll. Églises d'Afrique, 37.00 euros, 366 p.)
ISBN : 978-2-343-12603-6, ISBN EBOOK : 978-2-14-005047-3

THÉOLOGIE AFRICAINE FACE AUX SECTES
Défi lancé à la société et aux grandes Églises africaines
Mushipu Mbombo Dieudonné - Préface de François-Xavier Amherdt
Le pullulement des sectes en Afrique devient un défi. En même temps qu'il interpelle les grandes Églises par rapport à leurs méthodes pastorales d'évangélisation, qui se rapprochent encore difficilement de la culture du peuple africain, ce foisonnement de sectes inquiète. Non seulement elles tirent l'homme africain vers le sous-développement, mais elles le manipulent. L'auteur propose plusieurs solutions pour procéder à l'encadrement des «Églises» qui naissent en Afrique.
(Coll. Églises d'Afrique, 24.00 euros, 226 p.)
ISBN : 978-2-343-12481-0, ISBN EBOOK : 978-2-14-004985-9

«APPARITION» DE LA VIERGE MARIE AU CAMEROUN
Une spiritualité pour notre temps
de Frileuze Louis Marie - Préface de Mgr Victor Tonye Backot
Le 13 mai 1986, la Vierge Marie serait apparue à Nsimalen au Cameroun durant neuf jours. Comme à Kibeho au Rwanda et dans différents autres lieux en Afrique, la Vierge Marie se fait éducatrice. Elle choisit de se rendre présente à travers des messagères. Ayant été témoin direct de ce phénomène, l'auteur a voulu analyser théologiquement ce que représente cette longue présence de Marie.
(Coll. Religions et Spiritualité, 29.00 euros, 284 p.)
ISBN : 978-2-343-13286-0, ISBN EBOOK : 978-2-14-004950-7

L'ÉGLISE ET LES QUESTIONS DE SON TEMPS
Onomo Etaba Roger Bernard
L'Église catholique romaine a décidé d'opérer une mue au sortir du concile œcuménique Vatican II. Au lendemain de cette grande messe, l'Église est désormais au rendez-vous des questions de son temps. Et face à ces questions, si elle hésite à en parler, le monde le fait à sa place ou, au moins, l'interpelle vivement. L'ensemble des questions inventoriées ici portent sur la lutte contre le réchauffement climatique, l'homosexualité, la pédophilie, la crise des vocations, le mariage des prêtres, l'ordination des femmes, etc.
(Harmattan Cameroun, 25.00 euros, 234 p.)
ISBN : 978-2-343-13294-5, ISBN EBOOK : 978-2-14-005051-0

LE CHRISTIANISME À L'ÉPREUVE DES DÉFIS SOCIO-POLITIQUES DE LA RÉGION DES GRANDS LACS
Nsal'onanongo Omelenge Claude - Préface de Benoît Awazi Kungua
La région des Grands Lacs africains passe l'un des moments les plus sombres de son histoire. Dans un tel paysage sociopolitique morose, le christianisme doit être pensé comme force d'engagement et de libération, gage de la dissidence novatrice dans la re-construction d'une «nouvelle» région des Grands Lacs qui puisse prendre en compte les défis du présent pour construire le futur. Il apparaît urgent d'éduquer les peuples à l'éthique du changement social pour qu'advienne une nouvelle socialité de convivialité, base de la paix et du co-développement.
(Coll. Églises d'Afrique, 35.00 euros, 346 p.)
ISBN : 978-2-343-12948-8, ISBN EBOOK : 978-2-14-004997-2

THÉOLOGIE DU DÉVELOPPEMENT INTÉGRAL (Tome 1)
Herméneutique pratique de la charité
Sombel Sarr Benjamin
Cet ouvrage est une réflexion théologique sur le développement intégral. La théologie du développement y est proposée comme une herméneutique pratique de la charité. Dans une démarche analytique et historique, l'auteur montre la place et la spécificité de l'herméneutique de la charité.
(Coll. Croire et savoir en Afrique, 17.50 euros, 164 p.)
ISBN : 978-2-343-11021-9, ISBN EBOOK : 978-2-14-005167-8

THÉOLOGIE DU DÉVELOPPEMENT INTÉGRAL (Tome 2)
Fondements théoriques, praxéologie et praxis de la charité
Sombel Sarr Benjamin
Cet ouvrage jette les bases théoriques spéculatives de la théologie du développement intégral. Cette dernière s'appuie sur une théologie de la création dont il faut percevoir le lien avec l'écologie intégrale. La théologie du développement intégral appelle un travail de déconstruction et de reconstruction des paradigmes philosophiques de l'économie et du développement dans une perspective «d'enveloppement». Elle propose aussi l'humanisme africain comme fondement philosophique en vue d'un humanisme intégral.
(Coll. Croire et savoir en Afrique, 18.00 euros, 168 p.)
ISBN : 978-2-343-11022-6, ISBN EBOOK : 978-2-14-005192-0

Structures éditoriales du groupe L'Harmattan

L'Harmattan Italie
Via degli Artisti, 15
10124 Torino
harmattan.italia@gmail.com

L'Harmattan Hongrie
Kossuth l. u. 14-16.
1053 Budapest
harmattan@harmattan.hu

L'Harmattan Sénégal
10 VDN en face Mermoz
BP 45034 Dakar-Fann
senharmattan@gmail.com

L'Harmattan Mali
Sirakoro-Meguetana V31
Bamako
syllaka@yahoo.fr

L'Harmattan Cameroun
TSINGA/FECAFOOT
BP 11486 Yaoundé
inkoukam@gmail.com

L'Harmattan Togo
Djidjole – Lomé
Maison Amela
face EPP BATOME
ddamela@aol.com

L'Harmattan Burkina Faso
Achille Somé – tengnule@hotmail.fr

L'Harmattan Côte d'Ivoire
Résidence Karl – Cité des Arts
Abidjan-Cocody
03 BP 1588 Abidjan
espace_harmattan.ci@hotmail.fr

L'Harmattan Guinée
Almamya, rue KA 028 OKB Agency
BP 3470 Conakry
harmattanguinee@yahoo.fr

L'Harmattan Algérie
22, rue Moulay-Mohamed
31000 Oran
info2@harmattan-algerie.com

L'Harmattan RDC
185, avenue Nyangwe
Commune de Lingwala – Kinshasa
matangilamusadila@yahoo.fr

L'Harmattan Maroc
5, rue Ferrane-Kouicha, Talaâ-Elkbira
Chrableyine, Fès-Médine
30000 Fès
harmattan.maroc@gmail.com

L'Harmattan Congo
67, boulevard Denis-Sassou-N'Guesso
BP 2874 Brazzaville
harmattan.congo@yahoo.fr

Nos librairies en France

Librairie internationale
16, rue des Écoles – 75005 Paris
librairie.internationale@harmattan.fr
01 40 46 79 11
www.librairieharmattan.com

Lib. sciences humaines & histoire
21, rue des Écoles – 75005 Paris
librairie.sh@harmattan.fr
01 46 34 13 71
www.librairieharmattansh.com

Librairie l'Espace Harmattan
21 bis, rue des Écoles – 75005 Paris
librairie.espace@harmattan.fr
01 43 29 49 42

Lib. Méditerranée & Moyen-Orient
7, rue des Carmes – 75005 Paris
librairie.mediterranee@harmattan.fr
01 43 29 71 15

Librairie Le Lucernaire
53, rue Notre-Dame-des-Champs – 75006 Paris
librairie@lucernaire.fr
01 42 22 67 13